普通高等教育教学改革创新示范教材

电子沙盘应用教程

（新道新商战）

Dianzi Shapan Yingyong Jiaocheng

主　编　喻　竹　令狐荣波
陈玉霞　孙一玲
副主编　宋建琦　徐　伟
吴　强　齐　媛
刘姗姗　王训孟
杨卓林
主　审　孙晓红　何晓岚

本书另配教学课件、师生操作手册、三木工具完结版等

高等教育出版社·北京

内容提要

本书是普通高等教育创新示范教材。

本书前三个项目在介绍ERP沙盘模拟起源与意义的基础上，着重介绍新道新商战电子沙盘教学模式；项目四、项目五介绍如何认识和剖析企业经营；项目六是参赛选手和指导教师总结的实战应用，介绍工具表制作。本书立足教学，突出实用，对广大沙盘爱好者有一定参考价值。

本书既可用作大中专院校ERP沙盘实训教材，也可用作相关培训人员及参赛选手的参考用书。

图书在版编目(CIP)数据

电子沙盘应用教程:新道新商战 / 喻竹等主编. —北京:高等教育出版社，2016.8（2019.8重印）
ISBN 978-7-04-045425-3

Ⅰ. ①电… Ⅱ. ①喻… Ⅲ. ①企业管理—计算机管理系统—高等职业教育—教材 Ⅳ. ①F270.7

中国版本图书馆CIP数据核字(2016)第171274号

策划编辑 毕颖娟　**责任编辑** 刘悦珍　毕颖娟　**封面设计** 张文豪　**责任印制** 高忠富

出版发行	高等教育出版社	**网　址**	http://www.hep.edu.cn
社　址	北京市西城区德外大街4号		http://www.hep.com.cn
邮政编码	100120		http://www.hep.com.cn/shanghai
印　刷	上海天地海设计印刷有限公司	**网上订购**	http://www.hepmall.com.cn
开　本	787mm×1092mm 1/16		http://www.hepmall.com
印　张	9.5		http://www.hepmall.cn
字　数	211千字	**版　次**	2016年8月第1版
购书热线	010-58581118	**印　次**	2019年8月第6次印刷
咨询电话	400-810-0598	**定　价**	23.00元

物 料 号　45425-00

编写委员会

（以姓氏笔画为序）

主任委员：

叶剑明　孙永利　孙晓红　何晓岚　柯　明
喻　竹

副主任委员：

叶善文　令狐荣波　孙一玲　李冬梅　吴　静
陈玉霞　梁萍换

编　委：

王训孟　毛艳琼　田春满　朱　辉　刘姗姗
齐　媛　杨卓林　李　洁　吴月明　吴道华
吴　强　何明宇　宋建琦　林　荣　徐　伟
陶　文　曹　阳　康　杨　黎嘉伟

前 言

本书是中国职教学会教学工作委员会2015—2016年教学改革与教材建设重点课题“基于WSR方法论和沙盘推演工具的高职经管类课程实战教学模式研究”的研究成果。本书以新道新商战电子沙盘为教学工具，系统地阐述了ERP沙盘的一种主要形式，即电子沙盘。这种形式极大地促进了该教学模式的发展，深受诸多院校欢迎。据不完全统计，目前已有超过1 500家的高等院校开设此课程，有超过700所院校的经管专业将本课程定位为专业必修课。

ERP沙盘模式教学的核心内容是构成一个模拟的市场环境，将学生分成若干团队，每个团队各经营一家企业，从事若干个会计年度的经营活动，综合运用战略、市场、财务、生产和物流等知识，解决企业经营中遇到的各类典型问题，在失败和成功的体验中低成本建构专业知识及管理者所需的能力与素质。

为了利教便学，书中配有丰富资源，其中部分资源如下：新商战摆盘说明、市场分析视频、市场分析表(含单数)、商战基本规则讲解、四柔方案与三表讲解、企业经营成本分析点评（孙子兵法与现代商战)、三木工具表(第七版)、沙盘系统操作说明、运营记录手册、教学指导手册。

本书由遵义职业技术学院喻竹、贵州工业职业技术学院令狐荣波、内蒙古工业大学陈玉霞和天津滨海职业学院孙一玲任主编，由渤海大学孙晓红、天津工业大学何晓岚任主审。具体编写分工如下：陈玉霞编写项目一，喻竹编写项目二，六盘水职业技术学院徐伟、海口经济学院吴强编写项目三，令狐荣波、贵州工业职业技术学院王训孟编写项目四，天津中德应用技术大学齐媛编写项目五，用友优普信息技术有限公司杨卓林、黑龙江商业职业学院刘姗姗编写项目六，令狐荣波、山西国际商务职业学院宋建琦编写附录。喻竹、令狐荣波负责统稿。

本书可用作大中专院校ERP人员及参赛选手的参考书，也可以用作相关培训沙盘实训用书。

在本书编写过程中，我们得到孙晓红、何晓岚、楚万文、湖北经济学院徐亚文等人的启发和帮助，并部分引用他们的观点，在此一并表示感谢。

由于作者水平有限，错误之处在所难免，恳请多提宝贵意见，以期日后完善。

编　者

2016年8月

目　录

项目一 ERP沙盘模拟简介

◇ **职业能力目标**

认识ERP沙盘模拟的作用；
掌握ERP沙盘模拟的基本意义；
明确各岗位的职责；
感知教具。

任务一 什么是ERP沙盘模拟

新商战摆盘说明

“沙盘”一词源于军事，指模拟战场地形及武器装备的部署情况，结合战略与战术的变化来进行推演的各种模型。这种方法在军事上获得了极大的成功。商场如战场！ERP沙盘模拟演练自从1978年被瑞典皇家工学院的Klas Mellan开发出来之后，迅速风靡全球。现在国际上许多知名的商学院(如哈佛商学院、瑞典皇家工学院等)和一些管理咨询机构都在用ERP沙盘模拟演练，对职业经理人和MBA、经济管理类学生进行培训，以期提高他们在实际经营环境中的决策和运作能力。

20世纪80年代初期，该教学模式被引入我国，率先在对企业的中高层管理者培训中使用并得到快速发展。21世纪初，用友、金蝶等软件公司相继开发出了ERP沙盘模拟演练的教学版，将它推广到高等院校的实验教学中。现在，越来越多的高等院校为学生开设了“ERP沙盘模拟”课程，并且取得了很好的效果。本书中介绍的是用友公司推出的ERP沙盘模拟演练版本。

目前，沙盘推演已经得到普遍推广，ERP(Enterprise Resource Planning)，即企业资源计划，沙盘模拟就是其中之一，也就是我们所说的企业模拟经营沙盘。

一、企业模拟经营手工沙盘

企业模拟经营手工沙盘的背景，一般是一家已经经营了两年的生产型企业。此课程把参加训练的成员分成6～8组，一般每组5～6人，每组各代表不同的虚拟公司。在训练

1

中，每个小组的成员分别担任公司中的重要职位，分别为：总经理、财务总监、营销总监、生产总监和采购总监等。每队要亲自经营一家拥有上亿元资产、销售良好、资金充裕的企业，需要连续从事6～8个会计年度的经营活动。

二、企业模拟经营电子沙盘

企业模拟经营电子沙盘对抗更加激烈，可以把训练的成员分成6～22个组，每组成员5～6人组建虚拟公司。成员从股东那里得到初始资金（资金数额由指导教师决定），自己决定生产什么样的产品。在经营过程中要面对同行竞争、产品老化、市场单一的情况，公司如何保持成功及不断成长，是每位成员面临的重大挑战。该实训涉及整体战略、产品研发、设备投资改造、生产能力规划与排程、物料需求计划、资金需求规划、市场与销售、财务经济指标分析、团队沟通与建设等多个方面的内容。

任务二 模拟企业组织架构

在沙盘对抗实训中，要将所有的成员分成若干个团队，团队就是由少数有互补技能、愿意为了共同的目标和方法而相互承担责任的人组成的群体。在每个团队中，各成员分别担任重要职位，包括总经理、财务总监、营销总监、生产总监和采购总监等。企业组织机构，如图1-1所示。

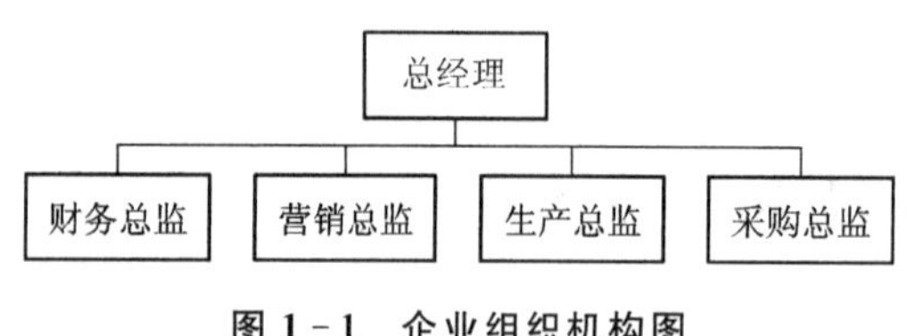

图1-1 企业组织机构图

任务三 主要角色的盘面定位

在模拟企业中，主要设置五个基本职能部门（可根据成员人数适当调整），各组成员可以根据自己的专长选择不同的职能部门，当人数较多时，可设置多个助理职位，如财务助理等。确定好职能后，按照图1-2给予的盘面定位组织教学。在组织教学的过程中，要

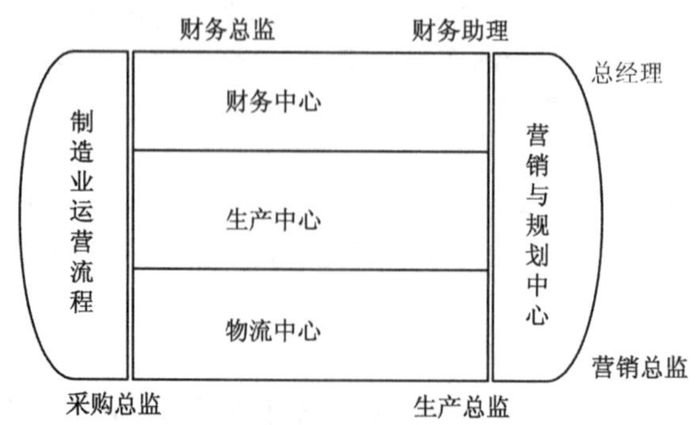

图1-2 主要角色的盘面定位

熟悉各个岗位之间的职责，如表 1－1 所示。

表 1－1　各岗位职责

总经理	财务总监	营销总监	生产总监	采购总监
制定发展战略 竞争格局分析 经营指标确定 业务策略制定 全面预算管理 管理团队协同 企业绩效分析 管理授权与总结 股东分红方案的确定和执行	日常财务记账和登账 向税务部门报税 提供财务报表 日常现金管理 企业融资策略制定 成本费用控制 资金调度与风险管理 财务分析与协助决策 协助 CEO 完成年初费用预算管理	市场间谍 市场进入策略 品种发展策略 广告宣传策略 编制广告费用 制订销售计划 争取订单与谈判 按时交货 销售绩效分析	编制生产费用预算 产品研发管理 管理体系认证 固定资产投资 编制生产计划 平衡生产能力 生产车间管理 成品库存管理 产品外协管理	编制采购计划 编制采购费用预算 供应商谈判 签订采购合同 监控采购过程 仓储管理 采购支付抉择 与财务部协调 与生产部协同

任务四　ERP 沙盘模拟训练的目标和作用

成员要在模拟企业这几年的经营中，在客户、市场、资源及利润等方面进行一番真正的较量。这种模拟有助于成员形成宏观规划、战略布局的思维模式。通过模拟，成员可以对生产企业各环节的业务达成一致的理性及感性认识，形成共通的思维模式，产生促进沟通的共同语言。企业模拟经营沙盘对抗可以帮助成员站在企业管理团队的角度认清企业运营状况，建立企业运营的战略视角，了解企业中物流、资金流、信息流如何做到协调统一，认识到 ERP 系统对于提升公司管理的价值；可以帮助成员站在中层经理的角度了解整个公司的运作流程，提高全局和长远策略意识，了解各部门决策对企业业绩产生的影响，同时理解如何用 ERP 系统处理各项业务和由此带来的决策的准确性；可以帮助成员站在一线主管的角度上认识到企业资源的有限性和企业一线生产研发等部门之间的紧密联系，从而提升其策略性思考的能力，提高与下属沟通的技巧；可以帮助成员站在企业员工的角度，从市场、财务、业务、工作流等相关角度深入理解企业资源运营。

项目二 团队组建与企业重组前的调研

◇ 职业能力目标

掌握团队组建的注意事项；

掌握企业重组前的调研。

任务一 团队组建

市场分析视频

市场分析表(含单数)

模拟企业是一家创业两年的公司，该公司生产P系列产品。由于公司管理团队的经营决策错误导致公司解散，现在需要重组一个高效率、高执行力的团队接手。团队组建需要注意的事项如下：

一、同舟共济

团队必须共同发展，要共同完成一个目标。这个目标可以使团队的成员向相同的方向努力，能够激发每个团队成员的积极性，并且使队员行动一致。总经理或首席执行官(CEO)要将总体的目标分解为具体的、可度量的、可行的行动目标。这些具体目标和总体目标要紧密结合，并且要根据情况随时作相应的修正。如在执行一年战略的时候，发现战略有问题，所有的成员必须冷静下来思考，共同商量怎么解决这个问题。

二、互补、接受谏言

团队必须要发展成一个完善的能力组合，如担任财务总监的成员要比较细心，对财务的相关知识有一定的了解；担任营销总监的成员要有一颗“特工”的心；担任CEO的人除具备比较强的协调能力和组织能力外，还需要对各个部门的业务有一定的了解。

三、需要领头羊

在经营过程中需要作出各种决策，这就需要CEO能够统领全局，协调各部门之间的关系，充分调动起每个成员的积极性，要能够作出正确的决策。要成为一个高效率、高执行力的团队，CEO 就必须学会临危不乱、冷静思考、果断决策。对于 CEO 而言，最难做到的是要避免被团队内部看似和谐的气氛所误导，要采取种种措施，确保成员在和谐的氛围下进行建设性的良性冲突。将被掩盖的问题和不同意见摆到桌面上，通过讨论和合理决策将其加以解决；否则的话，将对企业的发展造成巨大的不利影响。

四、履行好各自的职责

各成员应该各司其职，分工合作达到互利共赢。如生产总监没有及时告知采购总监每一个季度所需原材料，采购总监就会在原材料采购上出现差错，直接影响到以后的生产，而生产的产品数量又影响到交单的情况。所以一个小环节的疏漏，可能会导致满盘皆输。

此外，作为团队中的一员，首先，大家要相互尊重。只有相互尊重，团队才会和谐共存，才能体现各自的价值，团队里成员要彼此信任。

其次，要能够接受批评，从批评中寻找积极成分。如果团队成员对你的错误大加批评，即使带有强烈的感情色彩，也不要与之争论不休，要控制自己情绪，从积极方面来理解。这样，不但对你改正错误有帮助，也避免了语言敌对场面的出现。

再次，要善于交流，同在一个团队，成员之间会存在某些差异，知识、能力、经历的不同，造成成员在对待和处理问题时，会产生不同的想法。交流是协调的开始，把自己的想法说出来，听对方的意见，要经常说："你看这事该怎么办，我想听听你的建议。"

最后，要学会换位思考，只有换位思考了才会体会别人的感受，才能知己知彼。

总之，作为一名模拟公司的"员工"，应该执行公司文化，履行工作职责，坦诚而不轻率，谨慎而不拘泥，活泼而不轻浮，豪爽而不粗俗。如此，就一定可以和团队其他成员融洽相处，从而提高整个团队作战的能力。

任务二　企业重组前的调研

目前，国家经济状况发展良好，消费者收入稳步提高，某行业 P 产品将迅速发展。然而该企业生产制造的产品几乎全部在本地销售，董事会和股东认为在本地以外的国内市场以及国外市场上的机会有待发展，董事会希望新的管理层去开拓这些市场。同时，产品 P1 在本地市场知名度很高，客户很满意，然而要保持甚至想进一步提升市场地位，企业必须要投资新产品开发，目前已存在一些处于研发中的新产品的项目。在生产设施方面，目前状态良好，但是在发展目标的驱使下，预计必须投资额外的生产设施。具体方法可以是建新的厂房或将现有的生产设施现代化。

根据一家权威的市场调研机构对未来六年各种市场需求的预测（应该说这一预测有着很高的可信度），在行业发展状况方面，P1 产品由于技术水平低，虽然近几年需求较旺，但未来将会逐渐下降。P2 产品是 P1 的技术改进版，虽然技术优势会带来一定增长，但随着新技术出现，需求最终会下降。P3、P4 和 P5 为全新技术产品，发展潜力很大。P1 产品是基于目前市场上的主流技术开发的，P2 作为对 P1 的技术改良产品，也比较容易获得大众的认可。P3、P4 和 P5 作为 P 系列产品里的高端技术产品，各个市场上对它们的认同度不尽相同，需求量与价格也会有较大的差异。管理者必须要算出每一年销售的产品数量及产品加权平均利润走势，及时掌握产品信息。系列产品平均可售产能，分别如表 2-1、如图 2-1 所示。单线加权平均利润走势，分别如表 2-2、如图 2-2 所示。

2

表 2-1 平均可售产能表(如有中间品，折换数量)

产品	2	3	4	5	6
数量	17.65	24	27.15	30.1	29.8

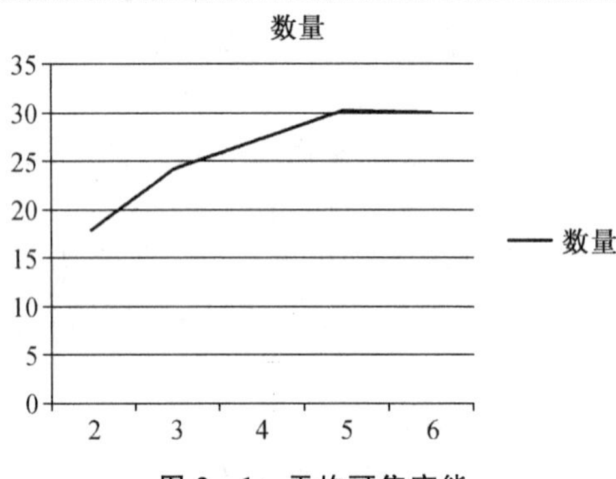

图 2-1 平均可售产能

表 2-2 单线加权平均利润走势表

产品	2	3	4	5	6
P1	30.77	30.17	27.95	31.22	30.18
P2	38.40	37.23	38.50	40.78	39.71
P3	46.04	43.10	37.41	40.56	47.14
P4	35.38	37.15	33.19	30.07	37.87
P5	37.53	40.86	43.43	45.66	39.27

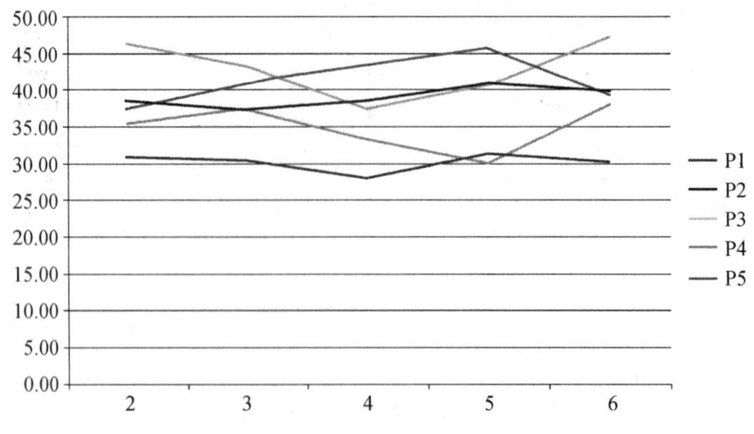

图 2-2 单线加权平均利润走势

一、企业财务状况

财务状况是企业在一定时点的资产及权益情况，是资金运动相对静止状态时的表现。财务状况是用价值形态反映的企业经营活动的状况，通常通过资产负债表及相关附表反映，是企业生产经营活动的结果在财务方面的反映。

沙盘企业的财务状况反映在资产负债表上，具体如表 2－3 所示。

表 2－3　资产负债表

资　　产	期初数	期末数	负债和所有者权益	期初数	期末数
流动资产：			负债：		
现金①			长期负债		
应收款			短期负债		
在制品			应付账款		
成品			应交税金②		
原料			一年内到期的长期负债		
流动资产合计			负债合计		
固定资产：			所有者权益：		
土地和建筑			股东资本		
机器与设备			利润留存		
在建工程			年度净利		
固定资产合计			所有者权益合计		
资产总计			负债和所有者权益总计		

企业财务状况评价始于 19 世纪末 20 世纪初，当时主要是为银行服务的信用评价。资本市场形成后，财务状况评价扩展到是为投资人服务的盈利评价。公司组织发展起来以后，财务状况评价由外部评价扩大到内部评价，为经营者改善内部管理服务。企业管理层能了解大量详尽的企业财务状况、获利能力、现金流量的资料。企业内部管理重点在于考核企业内部各部门的工作效率，而能大概描述企业运营财务状况的综合评价方法对企业内部管理效用不大。企业外部利益团体主要依赖企业公布的财务报告来获取相关信息，但企业财务报告内容过于庞杂，不能提供企业财务的总体状况信息，且企业财务报告可能存在信息失真的情况，这就需要财务状况综合评价方法作为一个能剔除虚假财务信息综合反映企业总体财务状况的分析工具为其服务。企业财务状况综合评价方法主要是企业外部利益团体用来评价企业总体经营状况。该方法主要用于债权人评价债务人的信用情况，投资人评价被投资企业的盈余能力、财务状况。因为财务状况综合评价方法主要

① 新会计准则规定“现金”会计科目改为“库存现金”，全书同。

② 新会计准则规定“应交税金”会计科目改为“应交税费”，全书同。

是企业外部人使用，所以要求内容以能够核查的会计数据为主，以保障其真实客观。文字表述因难以核查且弹性太大，不宜成为财务状况综合评价方法的主要内容，只能起补充辅助的作用。

目前企业财务状况综合评价的主要方法有杜邦财务分析体系、沃尔评分法、经营业绩评价综合指数法、经营业绩评价综合评分法。

二、企业经营成果

企业经营成果是指一定时期内企业生产经营活动所创造的有效劳动成果的总和。通常通过利润表反映，如表 2-4 所示。企业统计一般从实物量和价值量两个方面反映企业经营成果。

表 2-4 利润表

项目	上年数	本年数
销售收入		
直接成本		
毛利		
综合费用		
折旧前利润		
折旧		
支付利息前利润		
财务收入/支出		
其他收入/支出		
税前利润		
所得税		
净利润		

（一）企业经营的实物量

企业经营的实物量可以归纳为实物产品和服务产品的数量、品种和质量三个方面。社会对企业、对产品使用的基本要求，是企业生产的产品数量多、品种全、质量好。

（二）企业经营成果的价值量

企业经营成果的价值量一般从生产经营的总产出、净产出、纯收益三个方面加以说明。具体指标有总产值、增加值、销售产值、销售收入、利润和税金等。

（1）总产值是指在一定时期内生产的以货币表现的全部产品和劳务的总量。它包含反映物质产品生产总量的总价值和反映劳务总量的劳务总值。

（2）增加值是以货币表现的一定时期内社会最终产品和劳务的价值。

（3）销售产值是以货币表现的企业在一定时期销售的本企业生产的产品和劳务的总量。

(4) 销售收入是指企业在一定时期内出售的产品和劳务的销售收入。

(5) 利润是企业的销售收入扣除销售成本、销售税金后的余额。

(6) 税金是国家用法律形式规定,按照一定的税率向企业征收的一种纯收入。

(三) 企业经营成果的会计要素

反映企业经营成果的会计要素包括收入、费用和利润。它们直接关系到企业经营成果的计量。

1. 收入

(1) 收入的概念。

收入是指企业在日常活动中所形成的、会导致所有者权益增加的、与所有者投入资本无关的经济利益的总流入。收入不包括为第三方或客户代收的款项。

(2) 收入的主要特征。

收入是从企业的日常活动中产生的;

收入可能表现为企业资产的增加,或负债的减少,或两者兼而有之;

收入能引起企业所有者权益的增加;

收入只包括本企业经济利益的流入,不包括为第三方或客户代收的款项。

2. 费用

(1) 费用的概念。

费用是指企业在日常活动中所发生的、会导致所有者权益减少的、与向所有者分配利润无关的经济利益的总流出。

(2) 费用的主要特征。

费用是企业在日常活动中发生的经济利益流出;

费用可能表现为企业资产的减少,或负债的增加,或两者兼而有之;

费用会导致企业所有者权益的减少。

3. 利润

利润是指企业在一定会计期间的经营成果,包括营业利润、利润总额和净利润。

4. 收入、费用、利润三者之间的关系

收入减去费用,并经过调整后,等于利润。在不考虑调整因素(比如营业外收入、营业外支出、补贴收入、投资收益等)的情况下,收入减去费用等于利润,即,收入－费用＝利润。它是编制利润表的基础。

利润可体现企业经营成果,但企业的经营成果并不就是利润。

三、企业董事会和股东期望

基于经济学专业立场,企业有两种权:所有权和经营权,二者是分离的。企业管理是建构在企业“经营权”层次上的一门科学,讲究的就是企业所有权人向经营权人授权,经营权人在获得授权的情形下,以实现经营目标而采取一切经营手段的行为。与此相对应的,公司治理则是建构在企业“所有权”层次上的一门学科,讲究的是科学地向职业经理人授权,科学地对职业经理人进行监管。

全体股东认同一个价值趋向，以现金或其他出资方式为衡量股份权益形成契约而成立有限公司形式的企业，企业的安全性和成长性均取决于该企业内设机构积极地履行职能。

董事会是股东大会的常设机构。董事会的职权是由股东大会授予的。关于董事会人数、职权和作用，各国公司法均有较为明确的规定。除公司法的有关规定以外，各个公司也都在公司章程中对有关董事会的事宜进行说明。公司性质不同，董事会的构成也不同。为了更好地完成其职权，董事会除了注意人员构成之外，还要注意董事会的内部管理。

本书所讲企业模拟的是一个生产制造企业，该企业长期以来一直专注于某行业P产品的生产与经营。最近，一家权威机构对该行业的发展前景进行了预测，认为P产品将会从目前的相对低技术水平发展为高技术产品。为了适应技术发展的需要，公司董事会及全体股东决定将企业交给一批优秀的新人（模拟经营者）去发展，他们希望新的管理层能完成以下工作：

（1）投资新产品的开发，使公司的市场地位进一步得到提升。

（2）开发本地市场以外的其他新市场，进一步拓展市场领域。

（3）扩大生产规模，采用现代化生产手段，努力提高生产效率。

（4）研究在信息时代，如何借助先进的管理工具，提高企业管理水平。

（5）增强企业凝聚力，形成鲜明的企业文化。

（6）加强团队建设，提高组织效率。

项目三　模拟企业经营运营规则

◇ **职业能力目标**

掌握企业全年运营流程；

掌握总经理、营销主管、采购主管、生产主管、财务主管需要领会的规则。

任务一　模拟企业全年运营流程说明

一、年度运营总流程

商战基本规则讲解

新道新商战模拟运营企业经营 6 个年度，每个年度分设 4 个季度运行。沙盘企业全年运营流程，如图 3-1 所示。

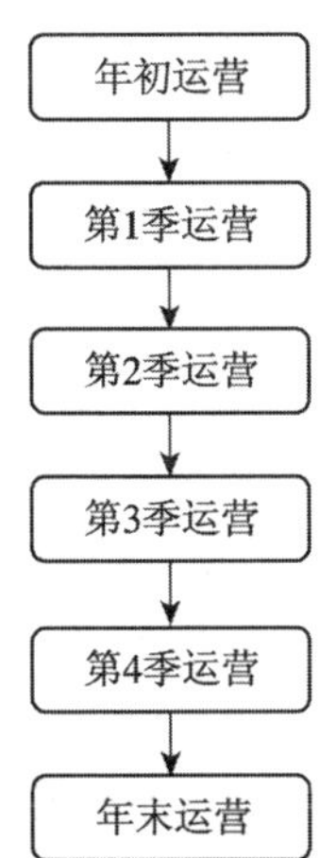

图 3-1　沙盘企业全年运营流程

二、年初运营流程

年初企业运营过程包括年度规划、投放广告、支付广告费、支付所得税、参加订货会、长期贷款。沙盘企业年初运营流程，如图 3－2 所示。

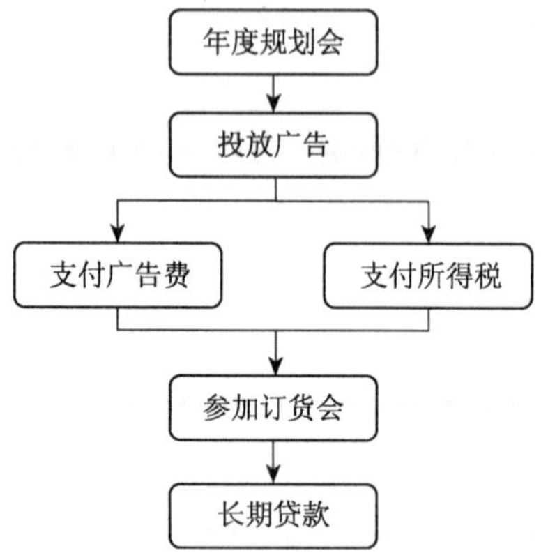

图 3－2　沙盘企业年初运营流程

3

三、每季度内运营流程

沙盘企业每季度内运营流程，如图 3－3 所示。

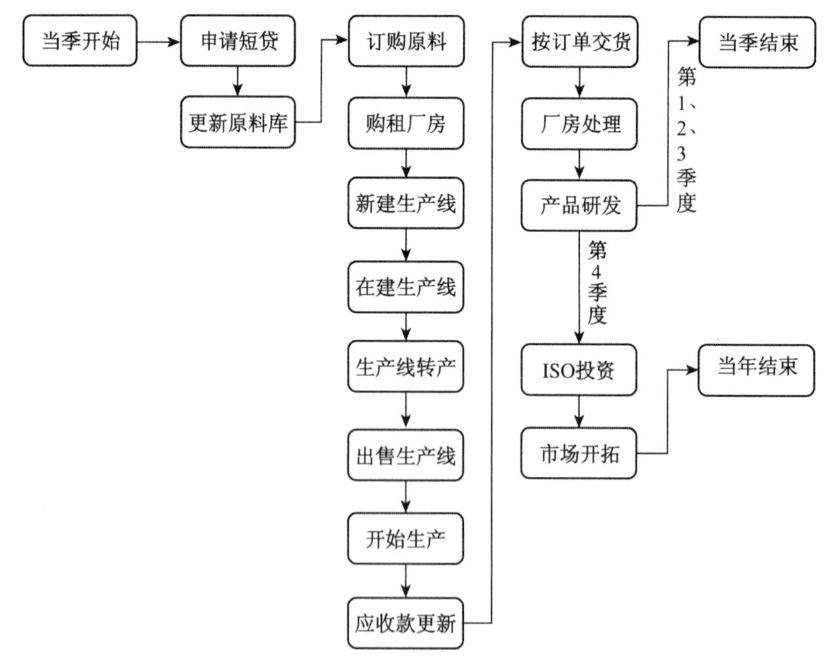

图 3－3　沙盘企业每季度内运营流程

四、年末操作流程

年末运营操作主要包含填写报表和投放广告。沙盘企业年末操作流程，如图 3－4 所示。

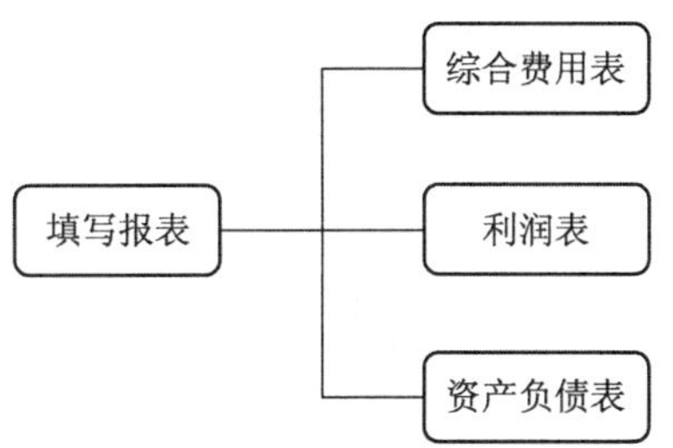

图 3-4　沙盘企业年末操作流程

五、流程外运营操作

除上述运营操作外，企业随时可进行如图 3-5 所示的运营操作。

注：为保证企业按规则经营，系统限制了各组企业在参加竞单会过程中进行紧急采购和间谍操作。

图 3-5　流程外运营操作

任务二　总经理需要领会的规则

年度规划会议在每运营年度开始时召开，在软件中无需操作。年度规划会议一般由团队的总经理(CEO)主持召开，会同团队中的采购、生产、销售等负责人一起进行全年的市场预测分析、广告投放、订单选取、产能扩张、产能安排、材料订购、订单交货、产品研发、市场开拓、筹资管理和现金控制等方面的分析和决策规划，最终完成全年运营的财务预算。

任务三　营销主管需要领会的规则

一、市场开拓

营销主管，又称为市场主管或销售主管。

市场开拓开发费用与所需时间，如表 3-1 所示。

市场开拓开发费用中，无须另计维护费，如中途停止使用，也可继续拥有资格并在以后年份使用。市场开拓，只在第 4 季度可以操作。

二、选单规则

(1) 投 10 万元广告有一次选单机会，每增加 20 万元多一次机会，如果投小于 10 万元

表 3－1 市场开拓开发费用与时间

市场	开发费(万元/件)	时间(年)	说明
本地	10	1	开发费用按开发时间在年末平均支付，不允许加速投资，但可中断投资。 市场开发完成后，领取相应的市场准入证
区域	10	1	
国内	10	2	
亚洲	10	3	
国际	10	4	

广告则无选单机会，但仍扣掉广告费，对计算市场广告额有效。广告投放可以为 11 万元，12 万元……

（2）投广告，只规定最晚时间，没有最早时间。即当年结束后可以马上投广告。

（3）根据本市场本产品广告额投放大小顺序依次选单。如果两队本市场本产品广告额相同，则看本市场广告投放总额；如果本市场广告总额也相同，则看上年本市场销售排名；如仍无法决定，先投广告者先选单。

（4）第一年无订单。选单时，两个市场同时开单，各队需要同时关注两个市场的选单进展，其中一个市场先结束，则第三个市场立即开单。即任何时候会有两个市场同开，除非到最后只剩下一个市场选单未结束。如某年在本地、区域、国内、亚洲四个市场有选单。则系统将本地、区域同时放单，各市场按 P1、P2、P3、P4、P5 顺序独立放单；若本地市场选单结束，则国内市场立即开单，此时区域、国内两市场保持同开，紧接着区域结束选单，则亚洲市场立即放单，即国内、亚洲两市场同开。选单时各队需要点击相应“市场”按钮，一市场选单结束，系统不会自动跳到其他市场。

三、按订单交货

订单交货对话框中会显示年初订货会上取得的所有产品订单，该订单会提供订单销售收入总价、订单需交的产品种类和数量、交货期限、账期等信息。

四、竞单会

参与竞标的订单标明了订单编号、市场、产品、数量、ISO 要求等，而总价、交货期、账期三项为空。竞标订单的相关要求为：竞拍会的单子，价格、交货期、账期都是根据各个队伍的情况自己填写选择的，系统默认的总价是成本价，交货期为 1，账期为 4，如要修改需要手工进行。

（一）投标资质

参与投标的公司需要有相应市场、ISO 认证的资质，但不必有生产资格。

中标的公司需要为该单支付 10 万元标书费，在竞标会结束后一次性扣除，计入广告费。（如果已竞得单数＋本次同时竞单数）×10＞现金余额，则不能再竞。即必须有一定现金库存作为保证金。

如同时竞3张订单，库存现金为58万元，已经竞得3张订单，扣除了30万元标书费，还剩余28万元库存现金，则不能继续参与竞单。因为万一再竞得3张，28万元库存现金不足以支付标书费30万元。

为防止恶意竞单，对竞得单张数进行限制，如果某队已竞得单张数＞ROUND(3×该年竞单总张数/参赛队数)，则不能继续竞单。

提请注意：

(1) ROUND表示四舍五入。

(2) 如上式等于，则可继续参与竞单。

(3) 参赛队数是指经营中的队伍，若破产继续经营的也算在其内，破产退出经营则不算。

如某年竞单，共有40张，20队(破产继续经营队，不参与竞单)参与竞单，当一队已经得到7张单，因为7＞ROUND(3×40/20)，所以不能继续竞单；但如果已经竞得6张，则可以继续参与。

(二) 投标

参与投标的公司须根据所投标的订单，在系统规定时间(90秒，以倒计时秒形式显示)填写总价、交货期、账期三项内容，确认后由系统按照如下方式进行。

得分＝100＋(5－交货期)×2＋应收账期－8×总价÷(该产品直接成本×数量)

得分最高者中标。如果计算分数相同，则先提交者中标。

提请注意：

(1) 总价不能低于(可以等于)成本价，也不能高于(可以等于)成本价的3倍。

(2) 必须为竞单留足时间，如在倒计时小于等于5秒再提交，可能无效。

(3) 竞得订单与选中订单一样，属于市场销售额。

(4) 竞单时不允许紧急采购，不允许市场间谍。

(5) 破产队不可以参与投标竞单。

任务四　采购主管需要领会的规则

一、原料

原料的购买要求，如表3－2所示。

表3－2　原料购买要求

名　　称	购买价格(万元/个)	提前期(季)
R1	10	1
R2	10	1
R3	10	2
R4	10	2

二、订购原料

企业原材料一般分为R1、R2、R3、R4四种，其中R1、R2原材料需提前1个季度订购，在1个季度后支付材料款并入库，R3、R4原材料需提前2个季度订购，在2个季度后支付材料款并入库。材料订购数量由后期生产需要来决定，订购多了会造成资金被占用，订购少了则不能满足生产需要，会造成生产线停产，甚至不能按期完成产品交货，导致产品订单违约。

三、更新原料库

在沙盘企业经营运营中，R1、R2、R3、R4四种原材料的采购价格由系统设定，一般每1个原材料价格均为10万元。其中R1、R2原材料是在订购1个季度后支付，R3、R4原材料是在订购2个季度后支付。

3

四、紧急采购

紧急采购是为了解决材料或产品临时短缺而进行的。企业原材料订购不足或产品未能按时生产出来，均可能造成产品订单不按时交货，从而导致订单违约，而失去该订单收入并需支付违约损失。为避免该损失，企业可紧急采购少量的短缺原材料或产品，满足生产或交货的需要，促使产品订单按时交货，由此取得相应的销售利润。紧急采购价格一般比正常的采购价要高很多，具体由教师/裁判在裁判端参数设置中设定。操作时既可以紧急采购原材料，也可以紧急采购库存产品。

付款即到货，原材料价格为直接成本的2倍，成品价格为直接成本的3倍。

紧急采购原材料和产品时，直接扣除现金。上报报表时，成本仍然按照标准成本记录，紧急采购多付出的成本计入综合费用表损失项。

任务五　生产主管需要领会的规则

一、产品

产品开发清单，如表3-3所示。

表3-3　产品开发清单

产品	开发费用（万元/季）	开发周期（季）	加工费（万元/个）	直接成本（万元/个）	产品组成
P1	10	2	10	20	R1
P2	10	3	10	30	R2＋R3
P3	10	4	10	40	R1＋R3＋R4
P4	10	5	10	50	R2＋R4＋P1（P1为中间品）
P5	10	6	10	60	R3＋R4＋P2（P2为中间品）

(一) 产品研发

产品研发按照季度来投资,每个季度均可操作,中间可以中断投资,直至产品研发完成,产品研发成功后方能生产相应的产品。

(二) 开始生产

开始下一批生产时,应保证相应的生产线空闲、产品完成研发、生产原料充足、投产用的现金足够,上述四个条件缺一不可。开始下一批生产操作时,系统会自动从原材料仓库领用相应的原材料,并从现金中扣除用于生产的人工费用。

(三) ISO 资格认证

ISO 资格认证的时间与费用,如表 3-4 所示。

表 3-4 ISO 资格认证时间与费用

认　证	ISO9000	ISO14000	开发费用按开发时间在年末平均支付,不允许加速投资,但可中断投资。 ISO 开发完成后,领取相应的认证
时间(年)	2	2	
费用(万元/年)	10	15	

无须另计维护费,如中途停止使用,也可继续拥有资格并在以后年份使用。ISO 认证开拓,只在第 4 季度可以操作。

ISO 投资包括产品质量(ISO9000)认证投资和产品环保(ISO14000)认证投资。企业若想在订货会上选取带有 ISO 认证的订单,必须取得相应的 ISO 认证资格,否则不能选取该订单。ISO 投资每年进行一次,可中断投资,直至 ISO 投资完成。

二、生产线

生产线的基本数据,如表 3-5 所示。

表 3-5 生产线基本情况表

生产线	购置费(万元)	安装周期(季)	生产周期(季)	总转产费(万元)	转产周期(季)	维修费(万元/年)	残值(万元)
超级手工线	30	—	2	0	—	5	6
自动租赁线	0	—	1	20	1	60	-85
柔性租赁线	0	—	1	0	—	80	-100
自动线	150	3	1	20	1	20	30
柔性线	200	4	1	0	—	20	40

说明:

(1) 不论何时出售生产线,从生产线净值中取出相当于残值的部分计入现金,净值与残值之差计入损失。

(2) 只有未使用的并且已经建成的生产线方可转产。

(3) 当年建成的生产线、转产中生产线都要交维修费。

(4) 生产线不允许在不同厂房移动。

(5) 租赁线不需要购置费,不用安装周期,不提折旧,维修费可以理解为租金;其在出售时(可理解为退租),系统将扣 85 万元/条(自动租赁线)、100 万元/条(柔性租赁线)的清理费用,计入损失。

（一）新建生产线

生产线一般包括手工线、半自动线、自动线和柔性线等，各种生产线的购买价格、折旧、残值、生产周期、转产周期、建造周期详见规则说明。

（二）在建生产线

只有处在建造期的生产线才会在此对话框中显示，该对话框中会提供处于建造期间的生产线的累计投资额、开建时间和剩余建造期。

（三）生产线转产

生产线建造时已经确定了生产的产品种类，但是在企业运营过程中，为完成不同产品数量的订单按时交货，可能会对生产线生产的产品进行适当的转产操作，转产时要求该生产线处于待生产状态，否则不可以进行转产操作。

转产时，不同生产线的转产费用和转产周期是有区别的，具体详见规则说明。当转产周期大于1季度时，在下一季度点击生产线转产，弹出框中显示需要继续转产的生产线，勾选即继续投资转产，不选即中断转产。

（四）出售生产线

生产线出售的前提是该生产线是空置的，即没有在生产产品。出售时按残值收取现金，按净值（生产线的原值减去累计折旧后的余额）与残值之间的差额作为企业损失。即已提足折旧的生产线不会产生出售损失，未提足折旧的生产线必然产生出售损失。

假定规则确定半自动线建设期为1季度、原值为10万元、净残值2万元、使用年限4年，若某企业第1年第1季度开建一条半自动线，则该生产线系第1年第2季度建成，只要该生产线处于待生产状态即可进行出售。

若建成后当年将其出售，则会收到2万元现金，同时产生8万元损失[（原值10万元—累计折旧0万元）—净残值2万元]，若第2年将其出售，则会收到2万元现金，同时产生6万元损失[（原值10万元—累计折旧2万元）—净残值2万元]，以此类推。

（五）生产线折旧（平均年限法）

生产线折旧数据，如表3-6所示。

表3-6　生产线折旧情况

生产线	购置费（万元）	残值（万元）	建成第1年（万元）	建成第2年（万元）	建成第3年（万元）	建成第4年（万元）	建成第5年（万元）
手工线	30	6	0	6	6	6	6
自动线	150	30	0	30	30	30	30
柔性线	200	40	0	40	40	40	40

说明：
当年建成生产线当年不提折旧，当净值等于残值时生产线不再计提折旧，但可以继续使用。

三、厂房

厂房的基本数据，如表3-7所示。

表 3－7　厂房情况

厂　房	买价(万元)	租金(万元/年)	售价(万元)	容量(条)	说　　明
大厂房	440	44	440	4	厂房出售得到 4 个账期的应收款,紧急情况下,可用厂房贴现(4 季贴现),直接得到现金,如厂房中有生产线,同时要扣租金
中厂房	300	30	300	3	
小厂房	180	18	180	2	

每季均可以租或买,租满 1 年的厂房在满年的季度(如第 2 季度租的,则在以后各年第 2 季度为满年,可进行处理),需要用“厂房处理”进行“租转买”“退租”等处理(当厂房中没有任何生产线时)。如果未加处理,则原来租用的厂房在满年季末自动续租;厂房不计提折旧;生产线不允许在不同厂房间移动。

厂房使用可以任意组合,但一般总数不能超过 4 个;如可租 4 个小厂房或买 4 个大厂房或租 1 个大厂房买 3 个中厂房。

3

(一) 购租厂房

厂房类型可以根据需要选择大厂房或小厂房,订购方式可以根据需要选择买或租。厂房每季均可购入或租入。

若选择购买,则需一次性支付购买价款,无后续费用;若选择租入,则需每年支付租金,租金支付时间为租入当时以及以后每年对应季度的季末。

若企业在第 1 年第 2 季度选择购入 1 个大厂房,则系统会在购入时一次性扣除相应的购买价款,以后不再产生相关扣款。

若企业在第 1 年第 2 季度选择租入 1 个大厂房,则需在第 1 年第 2 季度租入时支付第 1 年租金,以后每年的租金由系统自动在第 2 季度季末支付。

(二) 厂房处理

厂房处理方式包括卖出(买转租)、退租、租转买 3 种。

买转租操作针对原购入的厂房,实质上此操作包括两个环节,一是卖出厂房,同时将此厂房租回,卖出厂房将根据规则产生一定金额、一定账期的应收款(详见规则说明),租入厂房需支付对应的租金,这一操作无需厂房空置。

退租操作针对原租入的厂房,该操作要求厂房内无生产设备,若从上年支付租金时开始算租期未满 1 年的,则无需支付退租当年的租金,反之则需支付退租当年的租金。

租转买操作针对原租入的厂房,该操作实质上包括两个环节,一是退租,同时将该厂房买入。退租当年租金是否需要支付参照“退租操作”说明,购买厂房时需支付相应的购买价款,该操作无需厂房空置。

假定规则规定某大厂房购买价为 30 万元,租金 4 万元/年。

若企业欲将原购入的大厂房买转租,则会产生期限为 4 季度、金额为 30 万元的应收款,同时系统会在买转租时自动扣除当期厂房租金 4 万元。

若企业于上年第 2 季度租入 1 个大厂房,如果在本年度第 2 季度结束前退租,则系统无需支付第 2 个年度的厂房租金;如果在本年度第 2 季度结束后退租,则系统需扣除第 2 个年度的厂房租金 4 万元。此操作要求该厂房内无生产设备。

若企业欲租转买原租入的大厂房，则系统仍会在大厂房租入的对应季度扣除当年的租金，并且在租转买时支付大厂房的购买价款 30 万元。

任务六 财务主管需要领会的规则

一、支付广告费和所得税

点击“当年结束”，系统时间切换到下一年年初，需要投放广告，确认投放后系统会自动扣除所投放的广告费和上年应交的所得税。

二、融资

融资的基本资料，如表 3－8 所示。

表 3－8 融资情况

贷款类型	贷款时间	贷款额度	年息	还款方式
长期贷款	每年年初	所有长贷和短贷之和不能超过上年权益的 3 倍	10%	年初付息，到期还本；每次贷款为不小于 10 整数
短期贷款	每季度初		5%	到期一次还本付息； 每次贷款为不小于 10 整数
资金贴现	任何时间	视应收款额	10%（1 季，2 季） 12.5%（3 季，4 季）	变现时贴息，可对 1、2 季度应收联合贴现（3、4 季度同理）
库存拍卖	原材料八折，成品按成本价			

提请注意：长贷利息计算，所有不同年份长贷加总再乘以利率，然后四舍五入算利息。短贷利息按每笔短贷分别计算。

（一）长期贷款

需贷款年限，系统预设有 1 年、2 年、3 年、4 年和 5 年，最大贷款额度系统设定为上年末企业所有者权益的 N 倍，N 具体为多少，由教师/裁判在裁判端参数设置中设定。需贷款额度由企业在年度规划会议中根据企业运营规划确定，但不得超过最大贷款额度。

长期贷款为分期付息，到期一次还本。年利率由教师/裁判在参数设置中设定。

若长期贷款年利率设定为 10%，贷款额度设定为上年末所有者权益的 3 倍，企业上年末所有者权益总额为 80 万元，则本年度贷款上限为 240 万元（80 万元×3）；假定企业之前没有贷款，则本次贷款最大额度为本年度贷款上限，即为 240 万元。若企业之前已经有 100 万元的贷款，则本次贷款最大额度为本年度贷款上限减去已贷金额，即为 140 万元。

若企业第 1 年初贷了 100 万元，期限为 5 年，则系统会在第 2、3、4、5、6 年初每年自动扣除长贷利息 10 万元（100 万元×10%），并在第 6 年初自动偿还贷款本金 100 万元。

（二）申请短贷

短贷期限默认为1年，到期一次还本付息，贷款年利率由教师/裁判在裁判端参数设置中设定，短贷申请时不得超过“申请短贷”对话框中的“最大贷款额度”。

企业短期贷款年利率为5%，则企业若在第1年第1季度贷入20万元，那么，企业需在第2年第1季度偿还该笔短贷的本金20万元和利息1万元（20×5%）。

（三）贴现

贴现是指将提前收回未到期的应收款，因为该应收款并非正常到期收回，所以贴现时需支付相应的贴现利息。贴现利息＝贴现金额×贴现率，贴现率由教师/裁判在裁判端系统参数中设定，相关规定详见规则说明。这一操作一般在企业短期存在现金短缺，且无法通过成本更低的正常贷款取得现金流时才考虑使用。

假定某企业账期为1季度和2季度的应收款贴现率为10%，账期为3季度和4季度的应收款贴现率为12.5%，若该期限将账期为2季度、金额为10万元的应收款和账期为3季度、金额为20应收款同时贴现，则：

贴现利息＝10万元×10%＋20万元×12.5＝3.5万元≈4万元（规则规定贴现利息一律向上取整）

实收金额＝10＋20－4＝26万元。

贴现后收到的26万元，当即增加企业现金，产生的贴现利息4万元，作为财务费用入账。

（四）厂房贴现

该操作实质上是将厂房卖出（买转租）产生的应收款直接贴现取得现金。它与厂房处理中的卖出（买转租）的区别就在于，“卖出（买转租）”操作时产生的应收款并未直接贴现，而厂房贴现则直接将卖出（买转租）产生的应收款同时贴现。

三、应收款更新

应收款更新操作实质上是将企业所有的应收款项减少1个收账期。它分为两种情况，一是针对本季度尚未到期的应收款，系统会自动将其收账期减少1个季度；另一部分针对本季度到期的应收款，系统会自动计算并在“收现金额”框内显示，将其确认收到，系统自动增加企业的现金。

若某企业上季度末应收账款有如下两笔：一笔为账期为3季度、金额为20万元的应收款，另一笔为账期为1季度、金额为30万元的应收款。则本季度进行应收款更新时，系统会将账期为3季度、金额为20万元的应收款更新账期为2季度、金额为20万元的应收款，同时系统会自动将账期为1季度、金额为30万元的应收款收现。

四、填写报表

综合费用表反映企业期间费用的情况，具体包括：管理费用、广告费、设备维护费、厂房租金、市场开拓费、ISO认证费、产品研发费、信息费和其他等项目。其中信息费是指企

3

业为查看竞争对手的财务信息而支付的费用，具体由规则确定。

利润表反映企业当期的盈利情况，具体包括：销售收入、直接成本、综合费用、折旧、财务费用、所得税等项目。其中销售收入为当期按订单交货后取得的收入总额，直接成本为当期销售产品的总成本，综合费用根据“综合费用表”中的合计数填列，折旧为当期生产线折旧总额，财务费用为当期借款所产生的利息总额，所得税根据利润总额计算。

资产负债表反映企业当期财务状况，具体包括：现金（现称为“库存现金”）、应收款、在制品、产成品、原材料等流动资产，土地建筑物、机器设备和在建工程等固定资产，长期负债、短期负债、特别贷款、应交税金（现称为“应交税费”）等负债，以及股东资本、利润留存、年度净利等所有者权益项目。

任务七 当季（年）结束工作

当季结束时，系统会自动支付行政管理费、厂房续租租金；检查产品开发完成情况。

当年结束时，系统会自动支付行政管理费、厂房续租租金；检测产品开发、ISO 投资、市场开拓情况；自动支付设备维修费、计提当年折旧、扣除产品违约订单的罚款。

项目四　新商战 ERP 竞争模拟对抗

◇ 职业能力目标

掌握电子沙盘(新道新商战)的应用环境;

掌握新商战“三表”编制及提交。

任务一　新道新商战的应用环境

一、超级用户的任务

四柔方案与三表讲解

在浏览器中正确访问产品地址后,在用户登录中“用户名”处输入管理员账号“admin”,初始密码“1”,点击“登录”,即可开始操作,如图 4 - 1 所示。管理员端创建教学班时也需要保证加密狗插入的状态。如果不能登录,可能是当前网络环境没有连接外网,获取不到管理员登录的许可。请联网后再试。

在用户登录页面输入用户名、密码,点击用户登录。用户名 admin,初始密码为 1。

图 4 - 1　用户登录

登录后显示管理员端功能菜单：创建教学班、教师管理、权限管理、数据备份，如图4－2所示。

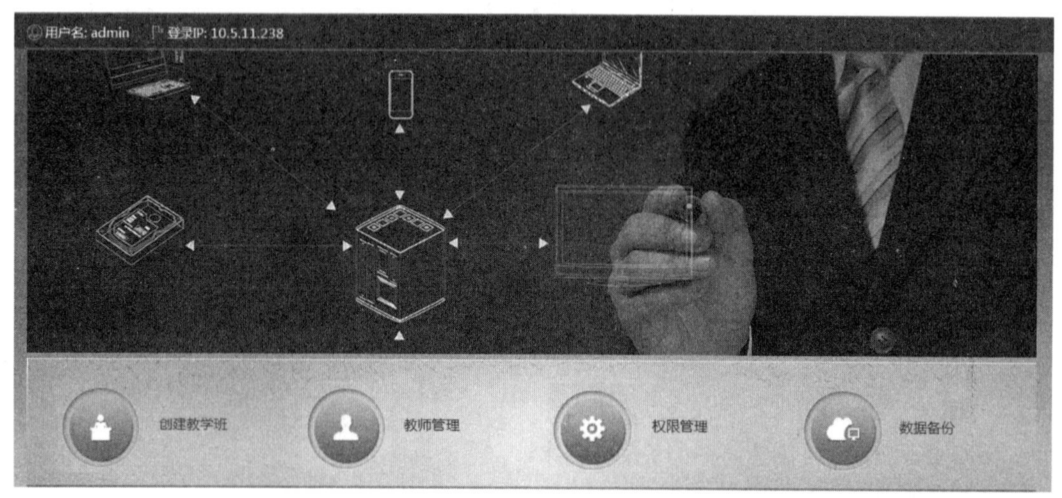

图4－2 管理员端功能菜单

（一）创建教学班

创建教学班支持多班教学，共用一台服务器，并且可以控制教学班的开课状态：暂停、关闭或删除，关闭的教学班教师仍可以查看历史数据，为学校教学统一管理提供便利。

创建教学班时要保证已成功插入并安装了加密狗。

创建教学班

请输入教学班名称：［ ］ 创建

序号	教学班名称	状态	操作
1	新商战演示3	未初始化	关闭
2	新商战演示4	正在进行	暂停 关闭
3	新商战演示2	已暂停	恢复 关闭
4	新商战演示	已结束	删除

图4－3 创建教学班

管理员端点击“创建教学班”图标，显示弹出框。在“请输入教学班名称”后的编辑框内输入教学班名称。点击“创建”。

弹出提示框，教学班创建成功，如图4－3所示。

注：建成后的教学班有四种状态，四种状态的意思分别如下：

（1）“未初始化”，表示教学班建成后还未使用，点击“关闭”变为“已关闭”状态，教学班则无法再使用。

（2）“正在进行”，表示教学班正在使用中，点击“暂停”变为“已暂停”状态，“暂停”状态的教学班学生端不能使用，点击“关闭”变为“已关闭”状态。

（3）“已暂停”，表示已在使用的教学班本次课程未完成，下次课程时间再次使用，点击“恢复”变为“正在进行”状态，学生端就可以继续使用了，点击“关闭”变为“已关闭”状态。

（4）“已结束”，表示教学班已经完成教学计划且已经处于“关闭”状态，在此点击“删除”后，可以将教学班的所有信息完全清除。

（二）教师管理

教师管理功能支持创建多个教师，支持多个教师管理多个教学班多对多的管理模式。

管理员端点击“教师管理”图标，显示弹出框。

将鼠标移动到角色“系统管理员”前面的编辑框，输入新密码，然后点击“修改密码”。修改成功。

将鼠标移动到最下方“用户名”“密码后”的编辑框内，输入新增的用户名、密码，点击“添加用户”。添加教师成功，如图 4－4 所示。

图 4－4　添加教师

（三）权限管理

管理员端点击“权限管理”菜单，显示弹出框。选择“教师”“教学班”，点击“确定”，下方显示该教师担任的教学班名称列表，如图 4－5 所示。

图 4－5　任命教学班教师

权限管理用于关联教师和教学班，一个教师可以关联多个教学班，也可以点击“取消”撤销关联。

(四) 数据备份

数据备份用于多个教学班一次性备份，利于保存同期开课的教学班数据及存档。

管理员端点击“数据备份”菜单，显示弹出框。数据备份文件后有默认的文件名，可以点击进行编辑，点击备份文件。新文件在手动备份还原下方显示，如图 4－6 所示。

图 4－6　数据备份

点击“项目反选”可以选择全部文件或取消。勾选某一个文件，点击删除，该文件被删除。点击“文件还原”可以还原该备份文件。

二、教师端的任务

(一) 初始化设置

初始化设置用于每个教学班的规则初始化，灵活选择实训规则和市场订单。

教师端点击“用户登录”后，进入初始化设置界面，如图 4－7 所示。

图 4－7　初始化设置

未初始化的教学班状态不同，且操作栏有教学班初始化按钮。点击“初始化”，显示参数弹出框，如图 4－8 所示。

教学班初始化

比赛名称：班1　用户名前缀：　队数：

订单方案：--选择一个方案--　规则方案：--选择一个方案--

请设定下列参数			
最小得单广告额	1 W	拍卖会同拍数量	3 个
竞拍会竞单时间	90 秒	初始现金(股东资本)	80 W
贴现率(1,2期)	10 %	贴现率(3,4期)	12.5 %
紧急采购倍数(原料)	2 倍	紧急采购倍数(产品)	3 倍
所得税率	25 %	信息费	1 W
库存折价率(原料)	80 %	库存折价率(产品)	100 %
贷款额倍数	3 倍	长期贷款利率	10 %

确定

图 4－8　教学班初始化

在编辑框内编辑用户名前缀、队数等信息，选择订单方案、规则方案，设置参数表中各信息，点击“确定”，弹出提示框：初始化成功。

选择要管理的教学班，点击教学班名称，进入教学班。

显示教师端主页面，如图 4－9 所示。

图 4－9　教师端主页面

(二) 查询每组经营信息

点击主页面上方学生组号，如 A1001。主页面中间区域显示该组各项经营信息，包括公司资料、库存采购信息、研发认证信息、财务信息、厂房信息、生产信息，如图 4－10 所示。

1. 公司资料

点击学生组号后，默认显示如图 4－10 所示的公司资料页签。

4

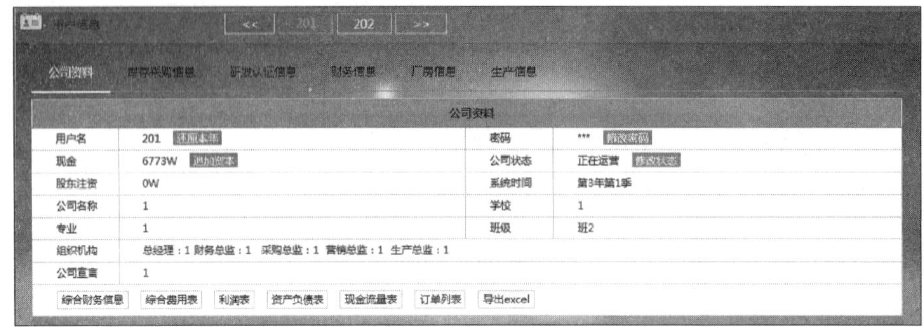

图 4－10　用户经营信息

（1）还原本年。

点击公司资料下“还原本年”，弹出提示框，点击“确定”，会将该学生组的经营退回到当年年初重新开始经营状态，如图 4－11 所示。

图 4－11　还原本年提示

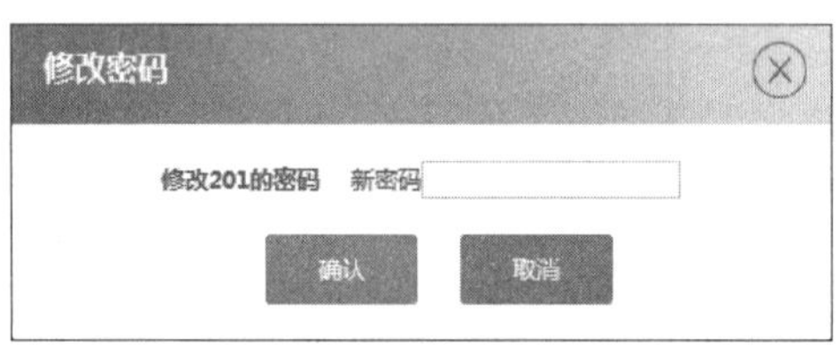

图 4－12　修改密码提示

4

（2）修改密码。

点击公司资料下“修改密码”，显示弹出框，在新密码后面的编辑框内输入改后的密码，点击“确认”即完成修改，如图 4－12 所示。

（3）追加资本。

点击公司资料下“追加资本”，显示弹出框，在注入金额后编辑框内输入要增加的金额数字，选择注资类别“特别贷款”或“股东注资”，点击“确认”即完成用户融资，如图 4－13 所示。

图 4－13　用户融资类别选择

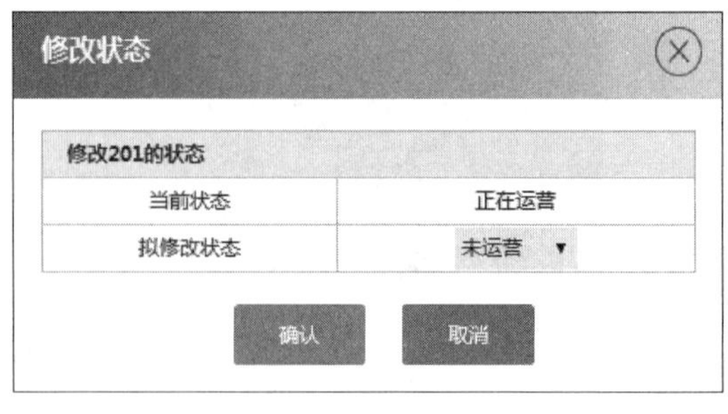

图 4－14　修改用户经营状态

（4）修改状态。

点击公司资料下“修改状态”，显示弹出框，显示该用户的当前经营状态，点击拟修改状态后面的下拉框，选择“未运营”“正在运营”或“破产”，点击“确认”即完成用户经营状态修改，如图 4－14 所示。

(5) 综合财务。

点击公司资料下“综合财务”，显示弹出框，用于查阅该学生组当年经营的主要财务信息，如图 4-15 所示。

综合财务信息

综合财务表			
贴息	0W	利息	0W
销售收入	0W	设备维护费	0W
转产费	0W	租金	0W
管理费	0W	广告费	44W
信息费	0W	其他	0W
直接成本	0W	ISO认证资格	0W
产品研发	0W	市场准入开拓	0W

图 4-15　综合财务报表信息

(6) 综合费用。

点击公司资料下“综合费用表”，显示弹出框，用于显示查阅该学生组每年经营的综合费用表，如图 4-16 所示。

综合费用表

201综合费用表					
项目 \ 年度	第1年	第1年	第2年	第2年	第3年
类型	系统	用户	系统	用户	系统
管理费	4	0	4	0	0
广告费	0	0	66	0	44
设备维护费	10	0	10	0	0
转产费	0	0	0	0	0
租金	40	0	40	0	0
市场准入开拓	40	0	0	0	0
产品研发	20	0	0	0	0
ISO认证资格	30	0	0	0	0
信息费	0	0	0	0	0
其他	0	0	209	0	0
合计	144	0	329	0	44

图 4-16　综合费用表信息

(7) 利润表。

点击公司资料下“利润表”，显示弹出框，用于显示查阅该学生组每年经营的利润表，如图 4-17 所示。

(8) 资产负债表。

点击公司资料下“资产负债表”，显示弹出框，用于显示查阅该学生组每年经营的资产负债表，如图 4-18 所示。

利润表

201利润表				
项目\年度	第1年	第1年	第2年	第2年
类型	系统	用户	系统	用户
销售收入	0	0	0	0
直接成本	0	0	0	0
毛利	0	0	0	0
综合管理费用	144	0	329	0
折旧前利润	-144	0	-329	0
折旧	0	0	72	0
支付利息前利润	-144	0	-401	0
财务费用	0	0	0	0
税前利润	-144	0	-401	0
所得税	0	0	0	0
净利润	-144	0	-401	0

图 4-17 利润表

资产负债表

201资产负债表				
项目\年度	第1年	第1年	第2年	第2年
类型	系统	用户	系统	用户
现金	7546	0	6817	0
应收款	0	0	0	0
在制品	0	0	0	0
产成品	0	0	0	0
原材料	150	0	150	0
流动资产合计	7696	0	6967	0
土地和建筑	0	0	400	0
机器与设备	60	0	48	0
在建工程	100	0	100	0
固定资产合计	160	0	548	0
资产总计	7856	0	7515	0
长期负债	0	0	0	0
短期负债	0	0	0	0

图 4-18 资产负债表

(9) 现金流量表。

点击公司资料下“用户现金流量表”，显示弹出框，用于显示查阅该学生组每年经营的现金流量表，如图 4-19 所示。

(10) 订单列表。

点击公司资料下“订单列表”，显示弹出框，用于显示查阅该学生组每年的市场订单以及订单的完成状态以及完成时间，如图 4-20 所示。

(11) 导出 Excel。

点击公司资料下“导出 Excel”，显示弹出框下载，用于将该学生组的各项经营信息导

用户现金流量表

201现金流量表					
ID	动作	资金	剩余	时间	备注
1	初始化资本金	8000W	8000W	第1年第1季	公司成立
2	厂房租用	-40W	7960W	第1年第1季	花费40W租用大厂房(1389)
3	新建生产线	-30W	7930W	第1年第1季	超级手工(1407)P1
4	新建生产线	-30W	7900W	第1年第1季	超级手工(1410)P1
5	新建生产线	-50W	7850W	第1年第1季	自动线(1414)P1
6	新建生产线	-50W	7800W	第1年第1季	自动线(1420)P2
7	产品研发	-10W	7790W	第1年第1季	P1
8	支付行政管理费	-1W	7789W	第1年第1季	
9	更新原材料	-100W	7689W	第1年第2季	5R2、5R1
10	产品研发	-10W	7679W	第1年第2季	P1
11	支付行政管理费	-1W	7678W	第1年第2季	
12	更新原材料	-50W	7628W	第1年第3季	5R3
13	支付行政管理费	-1W	7627W	第1年第3季	
14	市场开拓	-40W	7587W	第1年第4季	本地、区域、国内、亚洲

图 4 - 19　现金流量表

订单列表

201订单列表										
订单编号	市场	产品	数量	总价	状态	得单年份	交货期	帐期	ISO	交货时间
S211_06	本地	P1	4	201W	已违约	第2年	4季	1季	-	-
S211_07	本地	P1	4	179W	已违约	第2年	4季	0季	-	-
S211_03	本地	P1	4	208W	已违约	第2年	4季	3季	-	-
S211_05	本地	P1	1	53W	已违约	第2年	4季	3季	-	-
S211_01	本地	P1	4	208W	已违约	第2年	4季	1季	-	-
S211_04	本地	P1	2	96W	已违约	第2年	4季	2季	-	-
S211_10	本地	P1	2	96W	已违约	第2年	4季	2季	-	-

图 4 - 20　订单状态列表

出成 Excel 格式查阅保存，默认文件名为组号+时间，如图 4 - 21 所示。

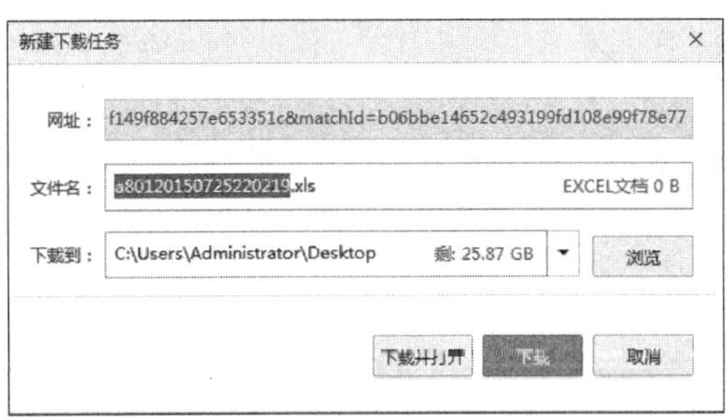

图 4 - 21　设 Excel 的下载任务

导出后，点开可查询各项经营表格。

综合费用表

年度	第1年	第1年	第2年	第2年	第3年	第3年	第4年	第4年
类型	系统	用户	系统	用户	系统	用户	系统	用户
管理费	4	4	4	4	4	0	4	0
广告费	0	0	18	18	27	0	99	0
设备维护费	18	18	22	22	24	0	24	0
转产费	0	0	2	2	0	0	0	0
租金	4	4	4	4	4	0	4	0
市场准入开拓	5	5	3	3	2	0	0	0
产品研发	13	13	1	1	0	0	0	0
ISO认证资格	3	3	3	3	0	0	0	0
信息费	0	0	9	22	4	0	73	0
其他	0	0	0	0	0	0	0	0
合计	47	47	66	79	65	0	204	0

利润表

年度	第1年
类型	系统
销售收入	0
直接成本	0
毛利	0
综合管理费用	47
折旧前利润	-47
折旧	0
支付利息前利润	-47
财务费用	0
税前利润	-47
所得税	0
净利润	-47

资产负债表

企业信息 库存信息 银行贷款 研发认证 厂房与生产线 订单信息 现金流量表 企业财务报表

图 4-22 导出各项经营报表

2. 库存采购信息

点击学生组号下的“库存采购信息”页签，显示该学生组的原料订购、原料库存、产品库存信息，如图 4-23 所示。

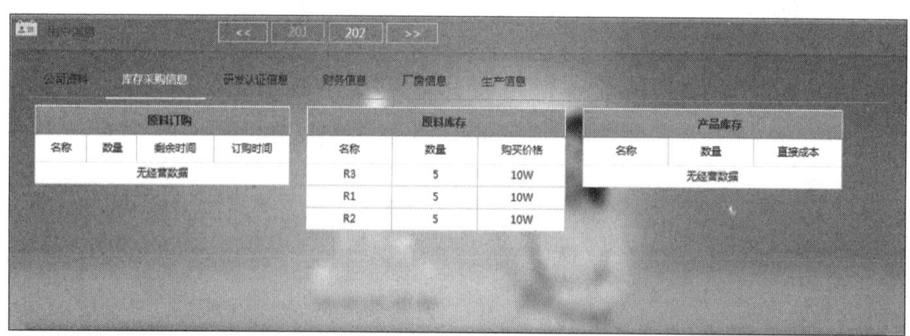

原料订购

名称	数量	剩余时间	订购时间
无经营数据			

原料库存

名称	数量	购买价格
R3	5	10W
R1	5	10W
R2	5	10W

产品库存

名称	数量	直接成本
无经营数据		

图 4-23 库存采购信息显示

3. 研发认证信息

点击学生组号下的“研发认证信息”页签，显示该学生组的市场开拓、产品研发、ISO 认证信息，如图 4-24 所示。

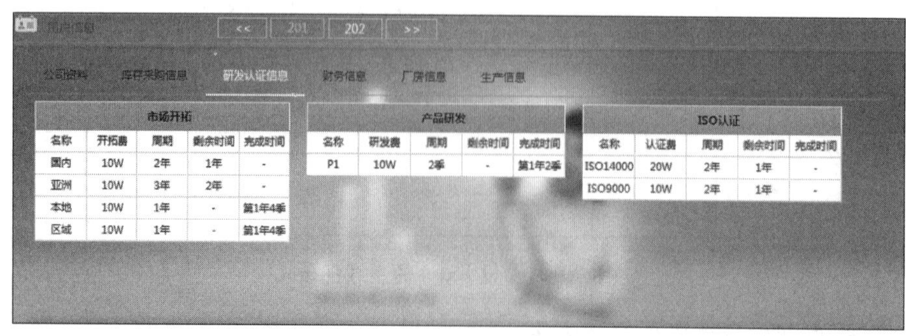

市场开拓

名称	开拓费	周期	剩余时间	完成时间
国内	10W	2年	1年	-
亚洲	10W	3年	2年	-
本地	10W	1年	-	第1年4季
区域	10W	1年	-	第1年4季

产品研发

名称	研发费	周期	剩余时间	完成时间
P1	10W	2季	-	第1年2季

ISO认证

名称	认证费	周期	剩余时间	完成时间
ISO14000	20W	2年	1年	-
ISO9000	10W	2年	1年	-

图 4-24 研发认证信息显示

4. 财务信息

点击学生组号下的“财务信息”页签，显示该学生组的应收款、长期贷款、短期贷款、特别贷款信息，如图 4－25 所示。

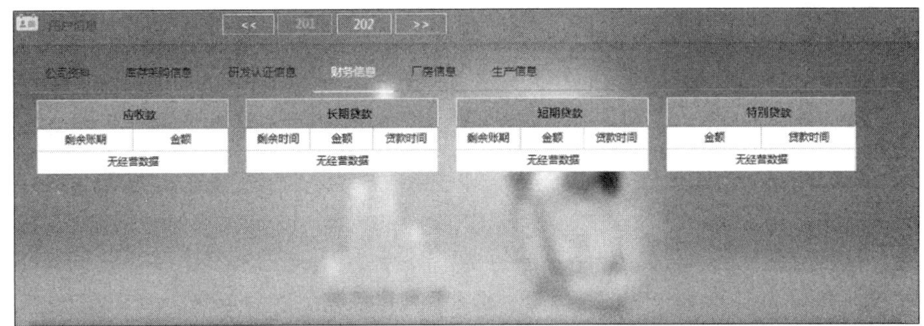

图 4－25　财务信息显示

5. 厂房信息

点击学生组号下的“厂房信息”页签，显示该学生组的厂房信息，如图 4－26 所示。

厂房信息

ID	名称	状态	容量	购价	租金	售价	最后付租	置办时间
3526	大厂房	购买	4	400W	40W	400W	-	第2年第1季
1389	大厂房	租用	4	400W	40W	400W	第2年第1季	第1年第1季

图 4－26　厂房信息显示

6. 生产信息

点击学生组号下的“生产信息”页签，显示该学生组的生产线信息，如图 4－27 所示。

生产信息

ID	名称	厂房	产品	状态	开建时间	累计投资	开产时间	转产时间	剩余时间	建成时间
1410	超级手工	大厂房	P1	空闲	第1年第1季	30W	-	-	-	第1年第1季
1414	自动线	大厂房	P1	在建	第1年第1季	50W	-	-	2季	-
1407	超级手工	大厂房	P1	空闲	第1年第1季	30W	-	-	-	第1年第1季
1420	自动线	大厂房	P2	在建	第1年第1季	50W	-	-	2季	-

图 4－27　生产信息显示

（三）选单管理

点击主页面下方的菜单“选单管理”，管理每组学生选取市场订单过程。

当所有学生组未投放广告时，以及结束订货会时，弹出框页面显示订货会尚未开始，如图 4－28 所示。

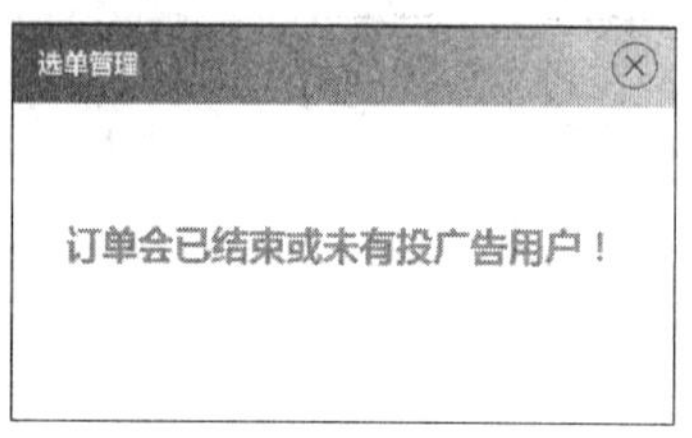

图 4－28 选单管理提示框

当教学班里有部分学生组完成广告投放时，弹出框显示每组投放广告时间，如图 4－29所示。

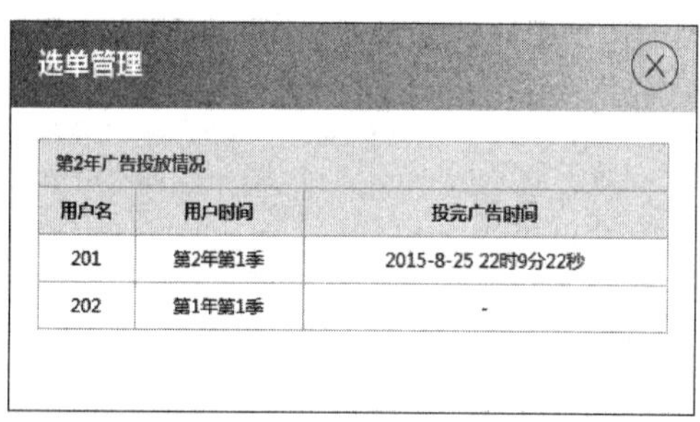

图 4－29 投放广告时间显示

当教学班里有部分学生组完成广告投放时，弹出框显示准备开始选单页面，如图 4－30所示。

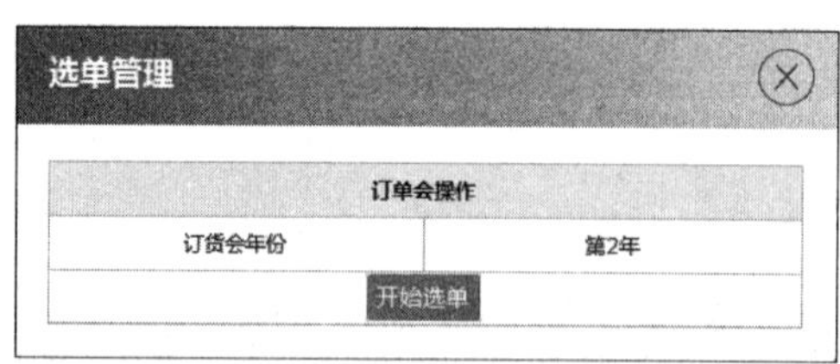

图 4－30 选单操作

点击“开始选单”，弹出提示框，订货会正式开始，如图 4－31 所示。

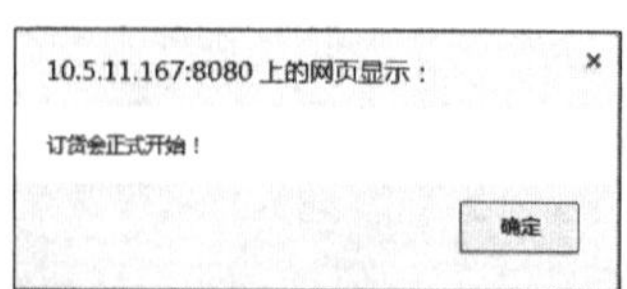

图 4－31 开始选单提示框

点击“确定”，跳转到订货会选单管理页面，如图 4－32 所示。

图 4－32　选单管理

弹出框中显示选单过程记录，选单时间、剩余回合、剩余单数等信息。

点击“重新选单”，订货会会重新开始。点击计时暂停/计时恢复，来操作是否暂停订货会选单。 4

当选单全部结束后，页面弹出提示框，本年订货会结束，如图 4－33 所示。

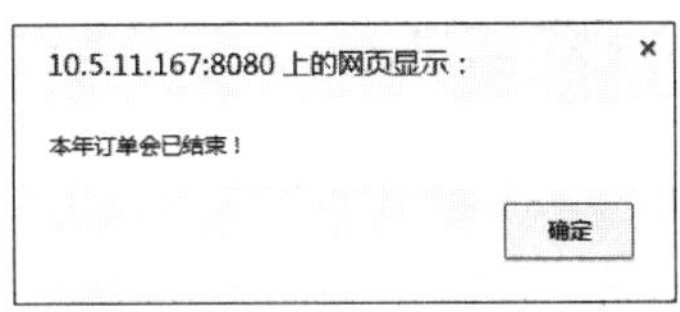

图 4－33　选单结束提示

（四）竞单管理

点击主页面下方的菜单竞单管理。

当该经营年没有竞单会，会弹出提示框，如图 4－34 所示。

图 4－34　竞单提示

当进行到设有竞单会的年份时，页面跳转到准备开始竞单的页面，如图 4－35 所示。

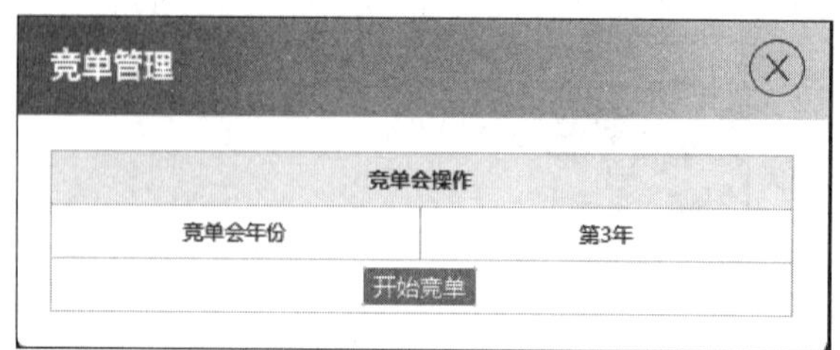

图 4－35　竞单开始页面

点击“开始竞单”，弹出提示框，竞单会正式开始，如图 4－36 所示。

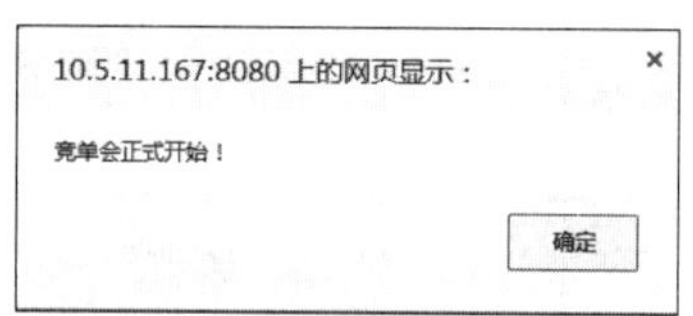

图 4－36　竞单会开始提示

点击“确定”，页面跳转到竞单会管理页面。

点击“重新竞单”，竞单会会重新开始。点击“计时恢复/暂停”会暂停竞单的过程，如图 4－37 所示。

订单编号	市场	产品	数量	ISO	状态	所属用户
3J01	本地	P1	2	-	正在竞单	
3J02	本地	P2	2	9 14	正在竞单	
3J03	本地	P3	3	-	正在竞单	
3J04	本地	P4	1	9	等待	
3J05	区域	P2	3	14	等待	
3J06	区域	P3	4	9 14	等待	
3J07	区域	P4	4	-	等待	
3J09	国内	P1	6	9 14	等待	
3J10	国内	P2	2	9	等待	
3J11	国内	P4	2	-	等待	

图 4－37　重新竞单和暂停

竞单结束时会弹出提示框，竞单会已结束，如图 4－38 所示。

（五）组间交易

点击主页面下方的菜单“组间交易”，显示弹出框。

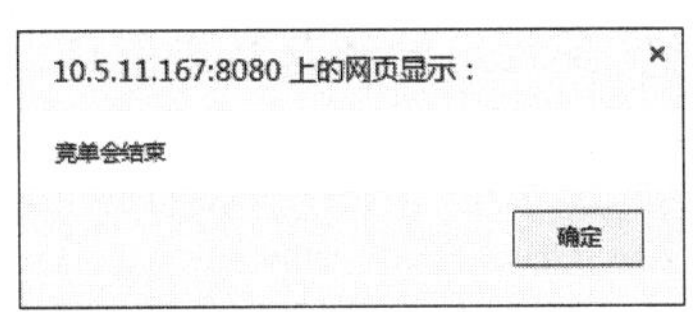

图 4－38　竞单会结束提示

点击“选择出货方”和“选择进货方”的下拉框，选择买卖的双方组号，选择要交易的产品，在下方编辑框内输入交易数量以及交易总价，点击“确认交易”，即完成了此次组间交易，如图 4－39 所示。

组间交易必须在两个学生组经营到某一共同系统时间点时才能操作。

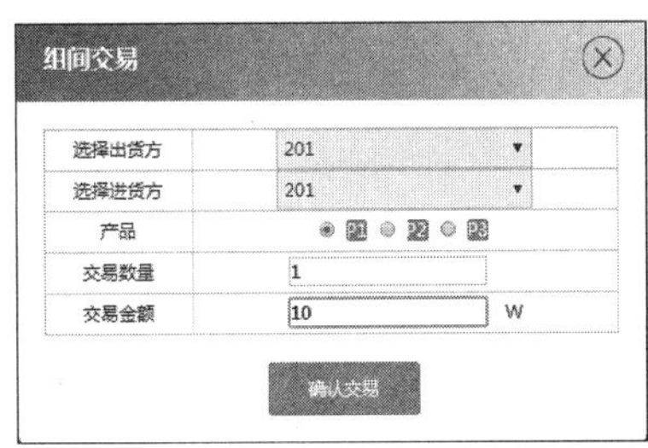

图 4－39　组间交易选择

（六）排行榜单

点击主页面下方“排行榜单”菜单，显示弹出框，在当前修正后的编辑框输入老师加分或减分，点击“确定”保存修正分。此功能用来查询学生组经营的最后成绩排名，如图 4－40 所示。

排行榜单

用户名	系统时间	公司名称	学校名称	得分	当前修正	累计修正	合计
201	第1年1季	1	1	8000.0			-
202	第1年1季	1	1	8000.0			-

图 4－40　排行榜显示

（七）公共信息

点击主页面下方“公共信息”菜单，显示弹出框。在年份后的下拉框里选择要查询的年份，点击确认信息，如图 4－41 所示。

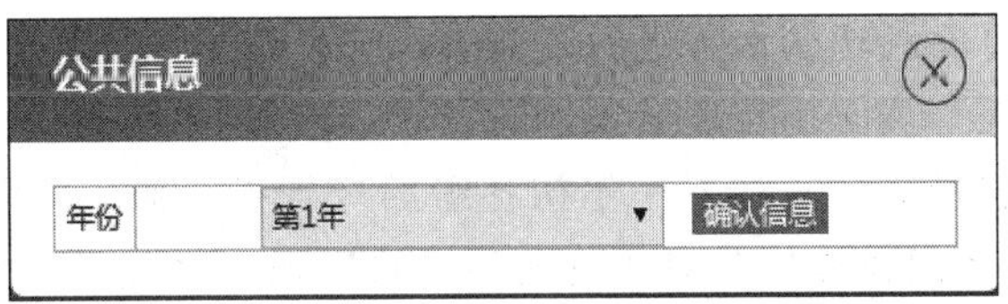

图 4－41　信息查询选择

4

点击“确认信息”后，页面跳转到每组的经营结果信息。

在弹出框中央显示本年的销售额市场老大。在下方显示各组的本年经营利润以及报表列表，如图 4-42 所示。

图 4-42 市场老大及报表列表

点击“综合费用表”，页面跳转显示各组的综合费用表，如图 4-43 所示。

综合费用表

综合费用表	
项目＼用户	201
管理费	4
广告费	0
设备维护费	10
转产费	0
租金	40
市场准入开拓	40
产品研发	20
ISO认证资格	30
信息费	0
其他	0
合计	144

图 4-43 综合题用表

点击“利润表”，页面跳转显示各组的利润表，如图 4-44 所示。

点击“资产负债表”，页面跳转显示各组的资产负债表，如图 4-45 所示。

点击“下一年广告投放”，显示下一年初各组的广告投资额。该统计数据分别以每组投放广告和每个市场各组投放广告对比的两种方式展现，可供选择，如图 4-46，图 4-47 所示。

利润表

利润表	
项目\用户	201
销售收入	0
直接成本	0
毛利	0
综合管理费用	144
折旧前利润	-144
折旧	0
支付利息前利润	-144
财务费用	0
税前利润	-144
所得税	0
净利润	-144

图 4-44　利润表

资产负债表

资产负债表	
项目\用户	201
现金	7546
应收款	0
在制品	0
产成品	0
原材料	150
流动资产合计	7696
土地和建筑	0
机器与设备	60
在建工程	100
固定资产合计	160
资产总计	7856

图 4-45　资产负债表

格式 1：

第2年广告投放情况

格式一　格式二

第2年201广告投放情况				
产品名称	本地	区域	国内	亚洲
P1	22	0	0	0
P2	0	22	0	0
P3	22	0	0	0

图 4-46　广告投放情况(格式 1)

格式 2：

第2年广告投放情况

格式一　格式二

第2年本地广告投放情况	
产品名称	201
P1	22
P2	0
P3	22
第2年区域广告投放情况	
产品名称	201
P1	0
P2	22
P3	0
第2年国内广告投放情况	
产品名称	201
P1	0
P2	0
P3	0
第2年亚洲广告投放情况	

图 4－47　广告投放情况(格式 2)

4

点击“导出 Excel”，将各组的对比信息以 Excel 的形式下载保存查阅，如图 4－48 所示。

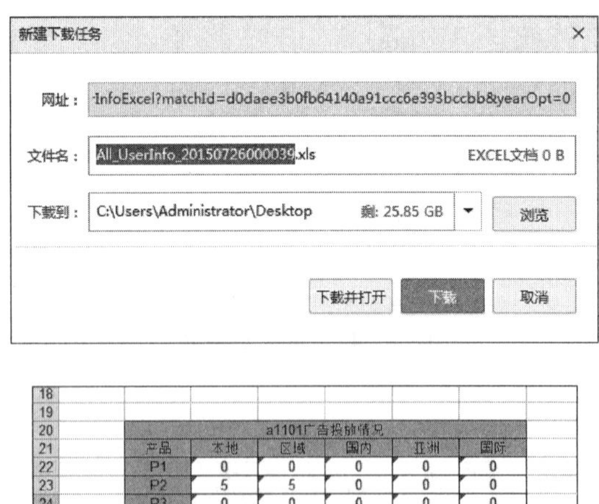

a1101广告投放情况					
产品	本地	区域	国内	亚洲	国际
P1	0	0	0	0	0
P2	5	5	0	0	0
P3	0	0	0	0	0
P4	0	0	0	0	0

第1年广告投放　第1年综合费用表　第1年利润表　第1年资产负债表

图 4－48　各组对比信息下载

(八) 订单详情

点击主页面下方菜单“订单详情”，弹出框显示该教学班所有年份的市场订单明细，如图 4－49 所示。

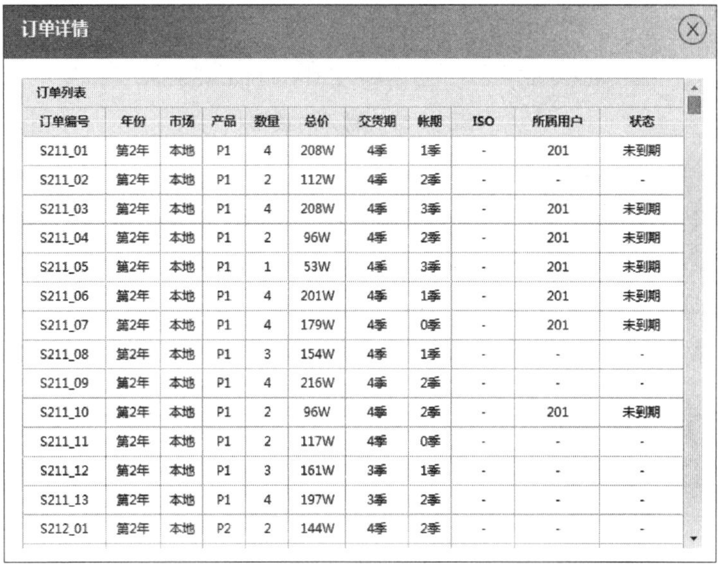

订单详情

订单列表

订单编号	年份	市场	产品	数量	总价	交货期	帐期	ISO	所属用户	状态
S211_01	第2年	本地	P1	4	208W	4季	1季	-	201	未到期
S211_02	第2年	本地	P1	2	112W	4季	2季	-	-	-
S211_03	第2年	本地	P1	4	208W	4季	3季	-	201	未到期
S211_04	第2年	本地	P1	2	96W	4季	2季	-	201	未到期
S211_05	第2年	本地	P1	1	53W	4季	3季	-	201	未到期
S211_06	第2年	本地	P1	4	201W	4季	1季	-	201	未到期
S211_07	第2年	本地	P1	4	179W	4季	0季	-	201	未到期
S211_08	第2年	本地	P1	3	154W	4季	1季	-	-	-
S211_09	第2年	本地	P1	4	216W	4季	2季	-	-	-
S211_10	第2年	本地	P1	2	96W	4季	2季	-	201	未到期
S211_11	第2年	本地	P1	2	117W	4季	0季	-	-	-
S211_12	第2年	本地	P1	3	161W	3季	1季	-	-	-
S211_13	第2年	本地	P1	4	197W	3季	2季	-	-	-
S212_01	第2年	本地	P2	2	144W	4季	2季	-	-	-

图 4－49　市场订单明细

(九) 系统参数

点击主页面下方菜单“系统参数”，跳出弹出框，显示该教学班初始化的参数设置，选择可修改的参数，在后面的下拉框或编辑框内修改即可对经营参数进行修改。点击“确认”保存修改结果。其中，初始现金不可修改。如图 4－50 所示。

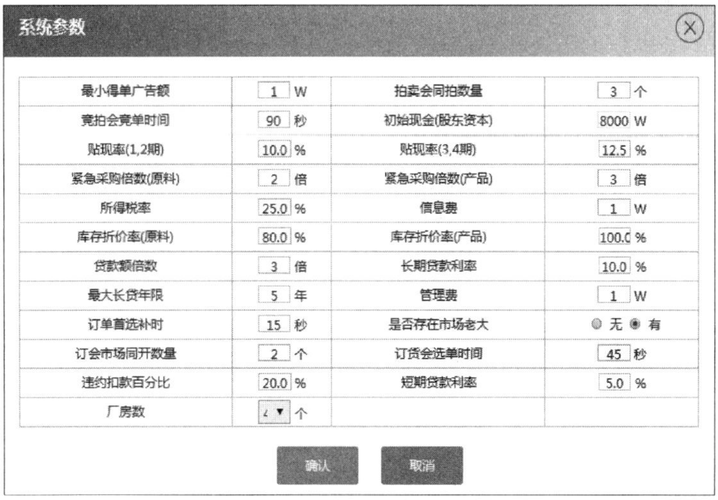

系统参数

参数	值	参数	值
最小得单广告额	1 W	拍卖会同拍数量	3 个
竞拍会竞单时间	90 秒	初始现金(股东资本)	8000 W
贴现率(1,2期)	10.0 %	贴现率(3,4期)	12.5 %
紧急采购倍数(原料)	2 倍	紧急采购倍数(产品)	3 倍
所得税率	25.0 %	信息费	1 W
库存折价率(原料)	80.0 %	库存折价率(产品)	100.0 %
贷款额倍数	3 倍	长期贷款利率	10.0 %
最大长贷年限	5 年	管理费	1 W
订单首选补时	15 秒	是否存在市场老大	○ 无 ◉ 有
订会市场同开数量	2 个	订货会选单时间	45 秒
违约扣款百分比	20.0 %	短期贷款利率	5.0 %
厂房数	4 ▼ 个		

确认　取消

图 4－50　系统参数修改

(十) 公告信息

点击主页面右上方的菜单“公告信息”，显示聊天对话框，如图 4－51 所示。

选择发送消息对象：某组或者全体，在编辑框内输入文字或表格，发送消息给学生端。当系统有默认设置的消息需要发布时，会直接在聊天框中弹出，如图 4－52 所示。

图 4－51　聊天对话框

另外，为了方便教师在每年结束时发送报表等信息，也方便学生保存，软件在教师端增加了“下发公告文件”的按钮，包含下发财务报表、应收款及贷款、广告投放信息。该操作仅支持在当年结束到参加下一年订货会前操作，其他时间教师下发，学生端无法收到。

公告留言

系统：201报表提交时间：2015-08-25 22:08:44,用户填写的报表与系统生成的报表不一致!

系统：201报表提交时间：2015-08-25 22:37:13,用户填写的报表与系统生成的报表不一致!

系统：201报表提交时间：2015-08-25 22:40:54,用户填写的报表与系统生成的报表不一致!

发送信息给 全部

发送　下发公告文件

图 4－52　消息发送

4

（十一）规则说明

点击主页面右上方的菜单“规则说明”，显示弹出框，即可查阅本场企业模拟经营的运营规则，如图 4－53 所示。该规则与初始化设置的系统参数一致，可根据每次参数设置不同而变动。

经营规则说明

一、生产线

名称	投资总额	每季投资额	安装周期	生产周期	总转产费用	转产周期	维修费	残值	折旧费	折旧时间	分值
超级手工	30W	30W	0季	2季	0W	0季	5W/年	6W	6W	4年	0
自动线	150W	50W	3季	1季	20W	1季	20W/年	30W	30W	4年	8
柔性线	200W	50W	4季	1季	0W	0季	20W/年	40W	40W	4年	10

*安装周期为0,表示即买即用
*计算投资总额时,若安装周期为0,则按1算
*不论何时出售生产线,价格为残值,净值与残值之差计入损失
*只有空闲的生产线方可转产
*当年建成生产线需要交维修费
*折旧(平均年限法):建成当年不提折旧

图 4－53　经营规则说明

（十二）市场预测

点击主页面右上方的菜单“市场预测”，显示弹出框，即可查阅此次企业模拟经营的市场预测信息，包含每个市场的需求数量值和市场均价，如图 4－54 所示。

市场预测

市场预测表——均价

序号	年份	产品	本地	区域	国内	亚洲
1	第2年	P1	51.23	50.89	0	0
2	第2年	P2	70.53	71.37	0	0
3	第2年	P3	88.69	89.86	0	0
4	第3年	P1	50.52	50.94	51.22	0
5	第3年	P2	71.90	70.43	71.39	0
6	第3年	P3	89.62	91.56	90.78	0
7	第4年	P1	47.78	51.65	49.58	50.41
8	第4年	P2	72.40	70.90	70.50	70.74
9	第4年	P3	91.44	95.19	94.09	93.27
10	第5年	P1	51.81	50.22	52.21	52.33
11	第5年	P2	72.03	74.73	68.05	71.17
12	第5年	P3	88.59	91.94	90.56	89.96
13	第6年	P1	50.05	50.48	49.00	52.41
14	第6年	P2	70.29	69.38	69.38	69.75

图 4－54　市场预测信息

4

三、学生端的任务

（一）支付广告费和所得税

点击“当年结束”，系统时间切换到下一年年初，需要投放广告，确认投放后系统会自动扣除所投放的广告费、上年应交的所得税和到期长贷本息。

（二）参加订货会

点击主页面下方操作区中菜单“参加订货会”，弹出“订货会就绪”对话框（图 4－55）或

图 4－55　订货会就绪

“参加订货会”对话框(图 4－56)。当其他企业存在未完成投放广告操作时,当前组显示图 4－55;当所有企业均已经完成投放广告,且教师/裁判已经启动订货会时,系统会显示图 4－56。

ID	用户	产品广告	市场广告	销售额	次数
1	201	22	44	0	4

编号	总价	单价	数量	交货期	账期	ISO	操作
S211_02	112	56.00	2	4	2	-	-
S211_08	154	51.33	3	4	1	-	-
S211_09	216	54.00	4	4	2	-	-
S211_11	117	58.50	2	4	0	-	-
S211_12	161	53.67	3	3	1	-	-
S211_13	197	49.25	4	3	2	-	-

图 4－56 参加订货会

说明:

系统会提示正在进行选单的市场(显示为红色)、选单用户和剩余选单时间,企业选单时要特别关注上述信息。

对话框左边显示某市场的选单顺序,右边显示该市场的订单列表。未轮到当前用户选单时,右边操作一列无法点击。当轮到当前用户选单时,操作显示“选中”按钮,点击“选中”,成功选单。当选单倒计时结束后用户无法选单。

选单时要特别注意有两个市场在同时进行选单的情况,此时很容易漏选市场订单。

全部市场选单结束后,订货会结束。

(三) 长期贷款

点击主页面下方操作区中菜单“申请长贷”,弹出申请长贷对话框。弹出框中显示本企业当前时间可以贷款的最大额度,点击“需贷款年限”下拉框,选择贷款年限,在“需贷款额”录入框内输入贷款金额,点击“确认”,即申请长贷成功,如图 4－57 所示。

(四) 每季度运营操作

1. 当季开始

点击“当季开始”按钮,系统会弹出当季开始对话框,如图 4－58 所示。该操作完成后才能进入季度内的各项操作。

说明:

当季开始操作时,系统会自动完成短期贷款的更新,偿还短期借款本息,检测更新生产/完工入库情况(若已完工,则完工产品会自动进入产品库,可通过查询库存信息了解入库情况)、检测生产线完工/转产完工情况。

申请长贷

最大贷款额度　24000w

需贷款年限　2年

需贷款额　100　W

确认　取消

图 4－57　申请长贷

图 4－58　当季开始

2. 申请短贷

点击主页面下方操作区中菜单“申请短贷”，弹出申请短贷对话框。在“需贷款额”后输入金额，点击“确认”即短贷成功，如图 4－59 所示。

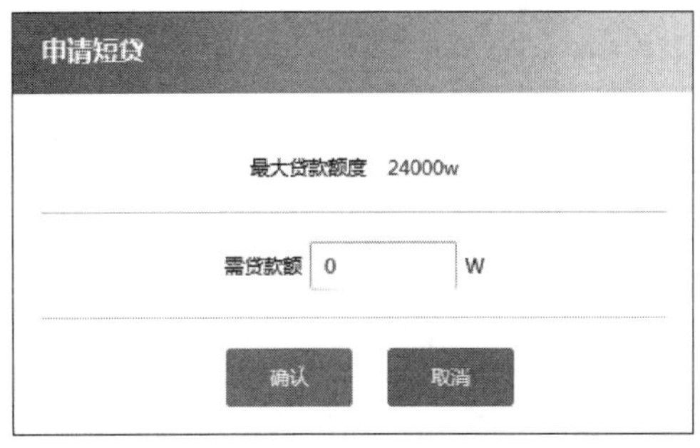

图 4－59　申请短贷

4

说明：

短贷期限默认为1年，到期一次还本付息，贷款年利率由教师/裁判在参数设置时设定，短贷申请时不得超过“申请短贷”对话框中的“最大贷款额度”。

3. 更新原料库

点击主页面下方操作区中菜单“更新原料库”，弹出更新原料对话框，提示当前应入库原料需支付的现金。确认金额无误后，点击“确认”，系统扣除现金并增加原料库存，如图4-60所示。

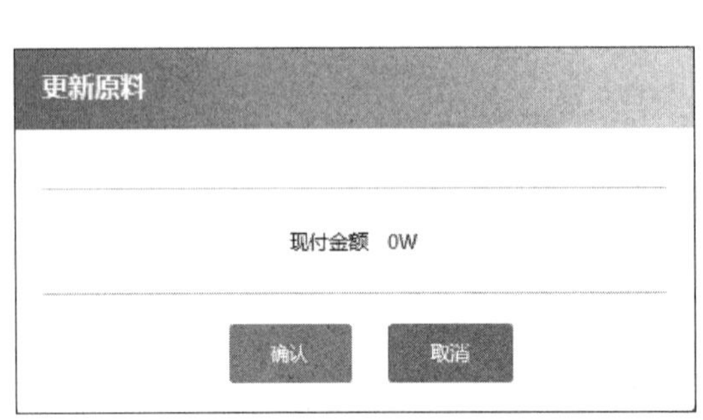

图4-60 更新原材料

原料	价格	运货期	数量
R1	10W	1季	0
R2	10W	1季	0
R3	10W	2季	0

图4-61 订购原材

4. 订购原料

点击主页面下方操作区中菜单“订购原料”，弹出订购原料对话框，显示原料名称、价格以及运货周期信息，在数量一列输入需订购的原料量值，点击“确认”即可，如图4-61所示。

5. 购租厂房

点击主页面下方操作区中菜单“购租厂房”，弹出购租厂房对话框，点击下拉框选择厂房类型，下拉框中提示每种厂房的购买价格、租用价格等。选择订购方式，买或租，点击“确认”即可，如图4-62所示。

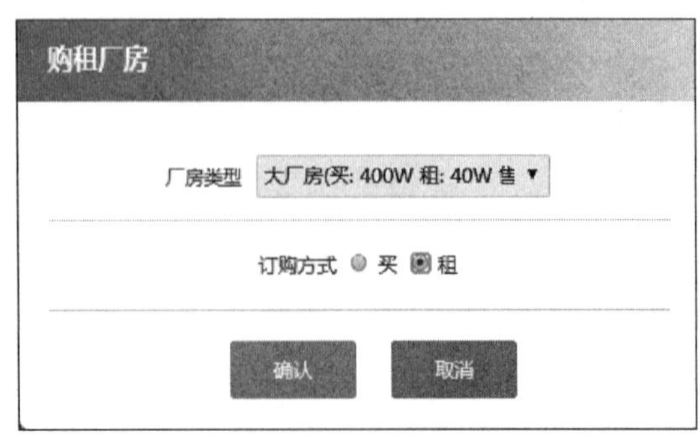

图4-62 购租厂房

6. 新建生产线

点击主页面下方操作区中菜单“新建生产线”,弹出新建生产线对话框。选择放置生产线的厂房,点击“类型”下拉框,选择要新建的生产线类型,下拉框中有生产线购买的价格信息,选择新建的生产线计划生产的产品类型,点击“确认”即可,如图 4－63 所示。

提醒: 新建多条生产线时,无需退出该界面,可重复操作。

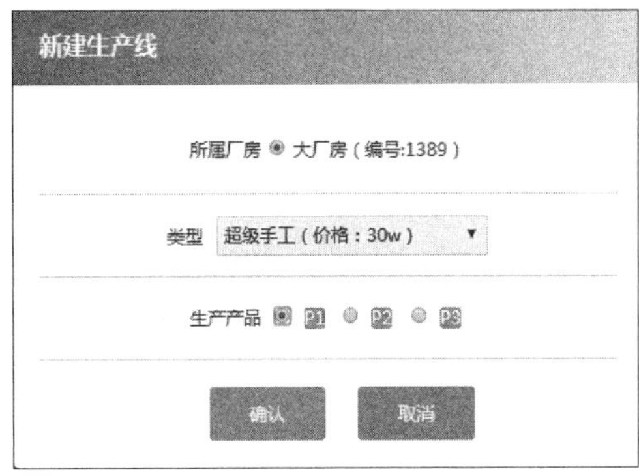

图 4－63　新建生产线

7. 在建生产线

点击主页面下方操作区中菜单“在建生产线”,弹出在建生产线对话框。弹出框中显示需要继续投资建设的生产线的信息,勾选决定继续投资的生产线,点击“确认”即可,如图 4－64 所示。

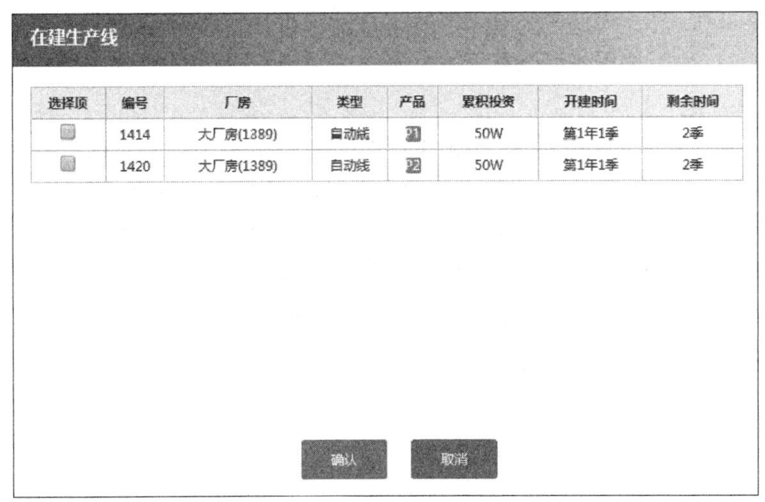

选择项	编号	厂房	类型	产品	累积投资	开建时间	剩余时间
	1414	大厂房(1389)	自动线	P1	50W	第1年1季	2季
	1420	大厂房(1389)	自动线	P2	50W	第1年1季	2季

图 4－64　在建生产线

8. 生产线转产

点击主页面下方操作区中菜单“生产线转产”,弹出生产线转产对话框。弹出框中显示可以进行生产转产的生产线信息,勾选转产的生产线以及转线要生产的产品,点击“确认”即可,如图 4－65 所示。

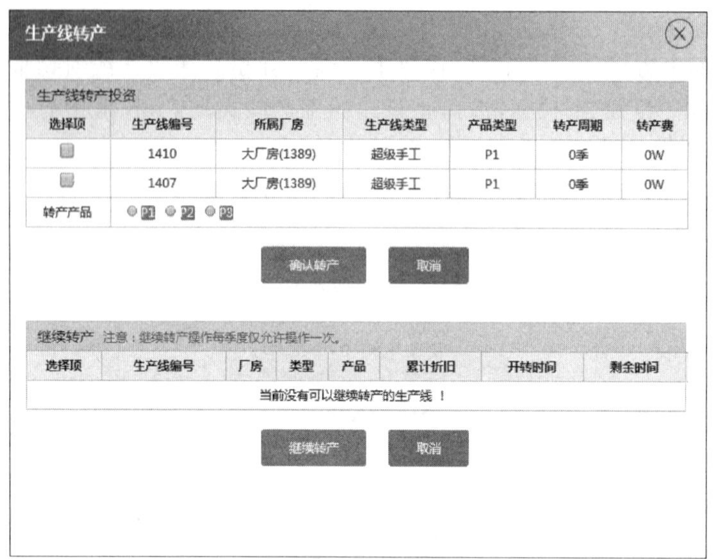

图 4-65　生产线转产

说明：

生产线建造时已经确定了生产的产品种类，但是在企业运营过程中，为完成不同产品数量的订单按时交货，可能会对生产线生产的产品进行适当的转产操作，转产时要求该生产线处于待生产状态，否则不可以进行转产操作。

转产时，不同生产线的转产费用和转产周期是有区别的，具体详见规则说明。当转产周期大于 1 季度时，下一季度点击生产线转产，弹出框中显示需要继续转产的生产线，勾选即继续投资转产，不选即中断转产。

9. 出售生产线

点击主页面下方操作区中菜单“出售生产线”，弹出出售生产线对话框。弹出框中显示可以进行出售的生产线信息。勾选要出售的生产线，点击“确认”即可，如图 4-66 所示。

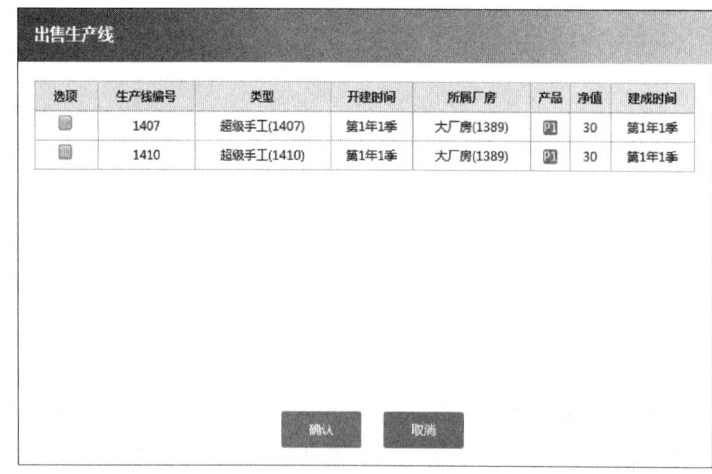

图 4-66　出售生产线

10. 开始生产

点击主页面下方操作区中菜单“开始生产”，弹出“开始下一批生产”对话框。弹出框中显示可以进行生产的生产线信息。勾选要投产的生产线，点击“确认”即可，如图 4-67 所示。

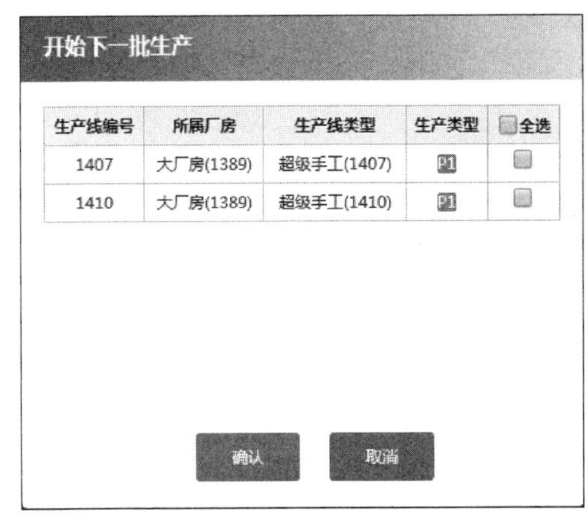

图 4-67　开始下一批生产

图 4-68　应收款更新

11. 应收款更新

点击主页面下方操作区中菜单“应收款更新”，弹出应收款更新对话框，点击“确认”即可，如图 4-68 所示。

12. 按订单交货

点击主页面下方操作区中菜单“按订单交货”，弹出交货订单对话框。点击每条订单后“确认交货”即可，如图 4-69 所示。

交货订单

订单编号	市场	产品	数量	总价	得单年份	交货期	账期	ISO	操作
S211_01	本地	P1	4	208W	第2年	4季	1季	-	确认交货
S211_03	本地	P1	4	208W	第2年	4季	3季	-	确认交货
S211_04	本地	P1	2	96W	第2年	4季	2季	-	确认交货
S211_05	本地	P1	1	53W	第2年	4季	3季	-	确认交货
S211_06	本地	P1	4	201W	第2年	4季	1季	-	确认交货
S211_07	本地	P1	4	179W	第2年	4季	0季	-	确认交货
S211_10	本地	P1	2	96W	第2年	4季	2季	-	确认交货

图 4-69　订单交货

13. 厂房处理

点击主页面下方操作区中菜单“厂房处理”，弹出厂房处理对话框。选择厂房的处理方式，系统会自动显示出符合处理条件的厂房以供选择。勾选厂房，点击“确认”即可，如图 4-70 所示。

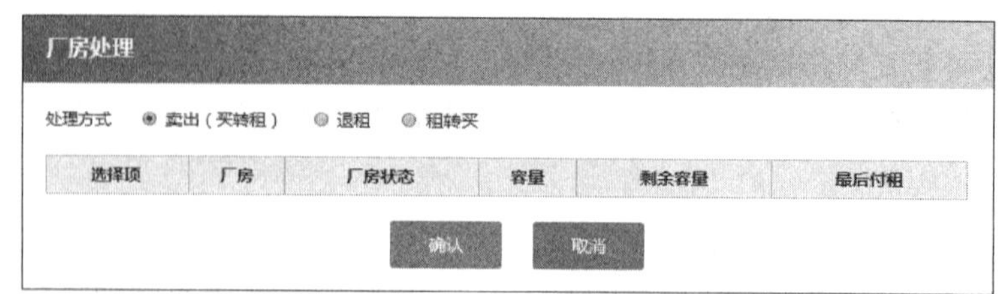

图 4－70 厂房处理

14．产品研发

点击主页面下方操作区中菜单“产品研发”，弹出“产品研发”对话框。勾选需要研发的产品，点击“确认”即可，如图 4－71 所示。

产品研发

选择项	产品	投资费用	投资时间	剩余时间
☑	P1	10W/季	2季	-
☐	P2	10W/季	3季	-
☐	P3	10W/季	4季	-

确认 取消

4

图 4－71 产品研发

15．ISO 投资

该操作只有每年第 4 季度才出现。点击主页面下方操作区中菜单“ISO 投资”，弹出 ISO 投资对话框。勾选需要投资的 ISO 资质，点击“确认”即可，如图 4－72 所示。

ISO投资

选择项	ISO	投资费用	投资时间	剩余时间
☐	ISO9000	10W/年	2年	--
☐	ISO14000	20W/年	2年	--

确认 取消

图 4－72 ISO 投资

16．市场开拓

该操作只有每年第 4 季度才出现。点击主页面下方操作区中菜单“市场开拓”，弹出市场开拓对话框。勾选需要研发的市场，点击“确认”即可，如图 4－73 所示。

17．当季(年)结束

该操作在每年 1—3 季度末显示“当季结束”，每年第 4 季度末显示“当年结束”。点击主页面下方操作区中菜单“当季结束”或“当年结束”，弹出当季结束或当年结束对话框。

市场开拓

选择项	市场	投资费用	投资时间	剩余时间
☑	本地	10W/年	1年	-
☑	区域	10W/年	1年	-
☑	国内	10W/年	2年	-
☑	亚洲	10W/年	3年	-

确认　取消

图 4-73　市场开拓

核对当季(年)结束需要支付或更新的事项。确认无误后,点击“确认”即可,如图 4-74,图 4-75 所示。

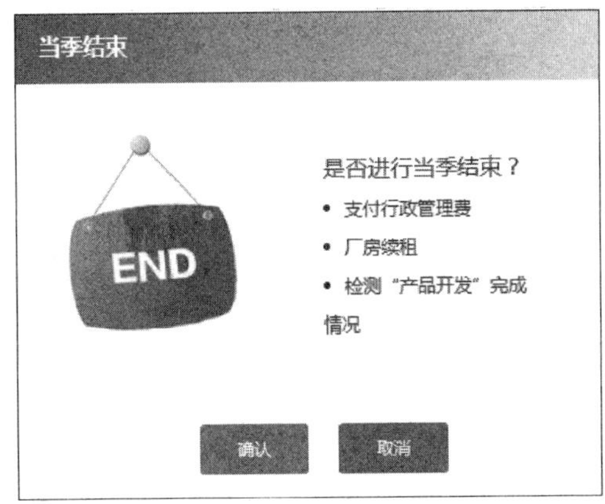

图 4-74　当季结束

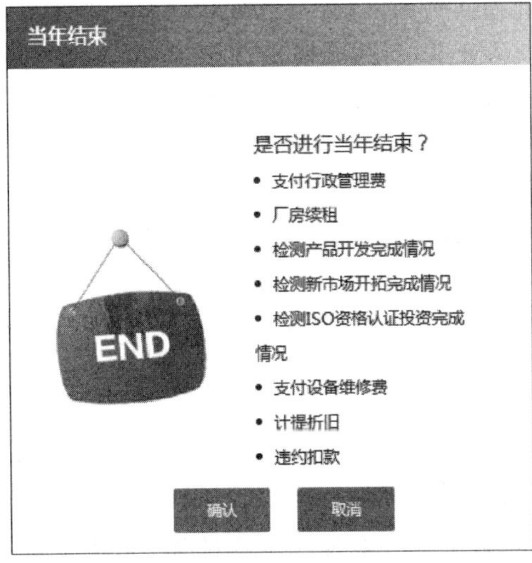

图 4-75　当年结束

任务二 新商战“三表”编制与提交

点击主页面下方操作区中菜单“填写报表”，弹出填写报表对话框。依次在综合费用表、利润表、资产负债表的编辑框内输入相应计算数值，三张表填写过程中都可点击“保存”，暂时保存数据。点击“提交”，即提交结果，系统计算数值是否正确并在教师端公告信息中显示判断结果，如图 4－76 所示。

综合费用表

综合费用表 利润表 资产负债表

项目	金额
管理费	0 W
广告费	0 W
设备维护费	0 W
转产费	0 W
租金	0 W
市场准入开拓	0 W
ISO认证资格	0 W
产品研发费	0 W
信息费	0 W
其他	0 W
合计	0W

提交 保存

图 4－76 填写报表

说明：

综合费用表反映企业期间费用的情况，具体包括：管理费用、广告费、设备维护费、厂房租金、市场开拓费、ISO 认证费、产品研发费、信息费和其他等项目。其中信息费是指企业为查看竞争对手的财务信息而支付的费用，具体由规则确定。

利润表反映企业当期的盈利情况，具体包括：销售收入、直接成本、综合费用、折旧、财务费用、所得税等项目。其中销售收入为当期按订单交货后取得的收入总额，直接成本为当期销售产品的总成本，综合费用根据“综合费用表”中的合计数填列，折旧为当期生产线折旧总额，财务费用为当期借款所产生的利息总额，所得税根据利润总额计算。

此外，下列项目系统自动计算，公式如下：

销售毛利＝销售收入－直接成本

折旧前利润＝销售毛利－综合费用

支付利息前利润＝折旧前利润－折旧

税前利润＝支付利息前利润－财务费用

净利润＝税前利润－所得税

资产负债表反映企业当期财务状况，具体包括：现金（库存现金）、应收款、在制品、产成品、原材料等流动资产，土地建筑物、机器设备和在建工程等固定资产，长期负债、短期负债、特别贷款、应交税金（应交税费）等负债，以及股东资本、利润留存、年度净利等所有者权益项目。

相关项目填列方法如下：

（1）现金（库存现金）根据企业现金结存数填列。

（2）应收款根据应收款余额填列。

（3）在制品根据在产的产品成本填列。

（4）产成品根据结存在库的完工产品总成本填列。

（5）原材料根据结存在库的原材料总成本填列。

（6）土地建筑物根据购入的厂房总价值填列。

（7）机器设备根据企业拥有的已经建造完成的生产线的总净值填列。

（8）在建工程根据企业拥有的在建的生产线的总价值填列。

（9）长期负债根据长期借款余额填列。

（10）短期负债根据短期借款余额填列。

（11）特别贷款根据特别贷款总额填列（一般不会遇到）。

（12）应交税金（应交税费）根据计算出的应缴纳的所得税金额填列。

（13）股东资本根据企业收到的股东注资总额填列。

（14）利润留存根据截至上年末至企业的利润结存情况填列。

（15）年度利润根据本年度的利润表中的净利润填列。

项目五　企业经营成本分析

◇ 职业能力目标

掌握企业战略选择和调整的能力；

掌握计算产能、安排生产计划和原材料订购计划的能力；

掌握分析市场和合理安排营销战略的能力；

掌握合理运用筹资方式，保证企业正常运行的能力；

能对企业各项指标进行分析，具备综合分析能力和集体决策力。

任务一　以第一年经营数据点评企业战略

一、企业战略管理

企业经营成本分析点评(孙子兵法与现代商战)

企业战略，是企业根据其外部环境和内部资源及能力状况，为谋求长期生存和稳定发展，不断地获得新的竞争优势，对企业发展目标、达成目标的途径和手段的总体谋划。

企业战略是对企业各种战略的统称，其中既包括竞争战略，也包括营销战略、发展战略、品牌战略、融资战略、技术开发战略、人才开发战略、资源开发战略、信息化战略等。企业战略虽然有多种，但基本属性是相同的，都是对企业的谋略，都是对企业整体性、长期性、基本性问题的计谋。

（一）企业目标

1. 企业生存

《公司法》规定，企业因经营管理不善造成严重亏损，不能清偿到期债务的，可以依法宣告破产。这从另外一个角度告诉企业，在 6 年的模拟经营中，如果出现以下两种情况，企业将宣告破产。

（1）权益为负。

如果企业所取得的收入不足以弥补其支出，导致所有者权益为负时，企业将宣告破产。

（2）现金断流。

如果在企业运营过程中，由于无力偿还借款、无力支付原材料货款等原因，现金流断流，企业将宣告破产。

企业生存是企业发展的基础。

2. 企业盈利

企业是以盈利为目的的经济组织，企业经营的本质是股东权益最大化，即盈利最大化。从利润表中的利润构成中，不难看出盈利的主要途径一是扩大销售（开源），二是控制成本（节流）。

（1）扩大销售。

利润主要来自销售收入，而销售收入由销售数量和产品单价两个因素决定。提高销售数量有以下方式：

① 扩建或改造生产设施，提高产能。

② 研发新产品。

③ 扩张现有市场，开拓新市场。

④ 合理加大广告投放力度，进行品牌宣传。

提高产品单价受很多因素制约，在沙盘模拟经营中，市场环境是给定的，企业可以选择生产单价较高的产品或主打单价较高的市场。

（2）控制成本。

产品成本分为直接成本和间接成本。控制成本主要有以下两种方法：

① 降低直接成本。直接成本主要包括构成产品的原料费和人工费。原料费由产品的物料清单（Bill of Material，BOM）结构决定，在不考虑替代材料的情况下，没有降低的空间；用不同生产线生产同一产品的加工费也是相同的，因此在商战模拟中，产品的直接成本是固定的。

② 降低间接成本。间接成本区分为投资性支出和费用性支出两类。投资性支出包括购买厂房、投资新的生产线等，这些投资是为了扩大企业的生产能力而必须发生的；费用性支出包括营销广告、贷款利息等，通过有效筹划可以节约部分间接成本。

（二）企业战略制定

1. 企业环境分析

企业环境分析包括外部环境分析和内部条件分析。

（1）企业外部环境。

企业外部环境分析具体包括：企业宏观环境分析和企业行业及竞争环境分析。

企业的宏观环境分析主要包括六个方面：政治环境、法律环境、经济环境、科技环境、社会环境和文化环境。

行业及竞争环境分析包括行业的主要经济特性分析、行业吸引力分析、行业变革的驱动因素分析、行业竞争的结构分析、行业竞争对手选择与分析、行业市场集中度与行业市场细分及战略组分析。

（2）企业内部条件。

企业内部条件分析应关注以下几个方面：企业目前的战略运行效果如何；企业面临

哪些资源强势和弱势；企业价值链分析；企业核心能力分析；企业产品竞争力及市场营销状况分析；企业经济效益状况分析；企业面临的战略问题分析。

常用方法：SWOT 矩阵分析。

2. 企业战略形态

企业战略形态是指企业采取的战略方式及战略对策，按表现形式，可以分为：拓展型战略、稳健型战略、收缩型战略三种形态。

(1) 拓展型战略。

拓展型战略是指采用积极进攻态度的战略形态，主要适合行业龙头企业、有发展后劲的企业及新兴行业中的企业。

具体的战略形式包括：市场渗透战略、多元化经营战略、联合经营战略。

① 市场渗透战略。市场渗透战略是指实现市场逐步扩张的拓展战略，该战略可以通过扩大生产规模、提高生产能力、增加产品功能、改进产品用途、拓宽销售渠道、开发新市场、降低产品成本、集中资源优势等单一策略或组合策略来开展，其战略核心体现在两个方面：利用现有产品开辟新市场实现渗透、向现有市场提供新产品实现渗透。

市场渗透战略是比较典型的竞争战略，主要包括：成本领先战略、差异化战略、集中化战略三种最有竞争力的战略形式。

a. 成本领先战略是通过加强成本控制，使企业总体经营成本处于行业最低水平的战略。

b. 差异化战略是企业采取的有别于竞争对手经营特色(从产品、品牌、服务方式、发展策略等方面)的战略。

c. 集中化战略是企业通过集中资源形成专业化优势(服务专业市场或立足某一区域市场等)的战略。

② 多元化经营战略。多元化经营战略是指一个企业同时经营两个或两个以上行业的拓展战略，又可称“多行业经营”，主要包括三种形式：同心多元化、水平多元化、综合多元化。

5

a. 同心多元化是利用原有技术及优势资源，面对新市场、新顾客增加新业务实现的多元化经营。

b. 水平多元化是针对现有市场和顾客，采用新技术增加新业务实现的多元化经营。

c. 综合多元化是直接利用新技术进入新市场实现的多元化经营。

多元化经营战略适合大中型企业选择，该战略能充分利用企业的经营资源，提高闲置资产的利用率，通过扩大经营范围，缓解竞争压力，降低经营成本，分散经营风险，增强综合竞争优势，加快集团化进程。但实施多元化战略应考虑选择行业的关联性、企业控制力及跨行业投资风险。

③ 联合经营战略。联合经营战略是指两个或两个以上独立的经营实体横向联合成立一个经营实体或企业集团的拓展战略，是社会经济发展到一定阶段的必然形式。实施该战略有利于实现企业资源的有效组合与合理调配，增加经营资本规模，实现优势互补，增强集合竞争力，加快拓展速度，促进规模化经济的发展。

在工业发达的西方国家，联合经营主要是采取控股的形式组建成立企业集团，各集团的共同特点是：由控股公司(母公司)以资本为纽带建立对子公司的控制关系，集团成员之间采用环行持股(相互持股)和单向持股两种持股方式，且分为以大银行为核心对集团进行互控和以大生产企业为核心对子公司进行垂直控制两种控制方式。

在我国，联合经营主要是采用兼并、合并、控股、参股等形式，通过横向联合组建成立企业联盟体，其联合经营战略主要可以分为：一体化战略、企业集团战略、企业合并战略、企业兼并战略四种类型。

(2) 稳健型战略。

稳健型战略是采取稳定发展态度的战略形态，主要适合中等及以下规模的企业或经营不景气的大型企业选择，可分为：无增长战略(维持产量、品牌、形象、地位等水平不变)、微增长战略(竞争水平在原基础上略有增长)两种战略形式。该战略强调保存实力，能有效控制经营风险，但发展速度缓慢，竞争力量弱小。

(3) 收缩型战略。

收缩型战略是采取保守经营态度的战略形态，主要适合处于市场疲软、通货膨胀、产品进入衰退期、管理失控、经营亏损、资金不足、资源匮乏、发展方向模糊的危机企业选择。可分为：转移战略、撤退战略、清算战略三种战略形式。

① 转移战略。转移战略是通过改变经营计划、调整经营部署，转移市场区域(主要是从大市场转移到小市场)或行业领域(从高技术含量向低技术含量的领域转移)的战略。

② 撤退战略。撤退战略是通过削减支出、降低产量，退出或放弃部分地域或市场渠道的战略。

③ 清算战略。清算战略是通过出售或转让企业部分或全部资产以偿还债务或停止经营活动的战略。

收缩型战略的优点是通过整合有效资源，优化产业结构，保存有生力量，能减少企业亏损，延续企业生命，并能通过集中资源优势，加强内部控制，以图新的发展。其缺点是容易荒废企业部分有效资源，影响企业声誉，导致士气低落，造成人才流失，威胁企业生存。调整经营思路、推行系统管理、精简组织机构、优化产业结构、盘活积压资金、压缩不必要开支是该战略需要把握的重点。

3. 企业战略选择和调整

在充分掌握市场预测的前提下，企业应将战略细化，具体解决以下问题：

(1) 企业的生产战略。

① 产品战略：研发何种产品，主打产品是什么，辅助产品是什么。

② 设备管理：厂房如何选择，生产线如何购置，生产线是否转型。

(2) 企业的营销战略。

① 市场如何开拓。

② 广告如何投放。

(3) 企业的融资策略。

由于企业的外部环境和竞争状态是动态发展的，企业战略不能一成不变，应检验企业战略的合理性，根据实际情况进行调整。

(三) 企业战略评估

在实际工作中，企业战略绩效评估是在战略执行的过程中，对战略实施的结果从财务指标、非财务指标进行全面的衡量。它本质上是一种战略控制手段，即通过战略实施成果与战略目标的对比分析，找出偏差并采取措施纠正。

平衡计分卡以平衡为目的，寻求企业短期目标与长期目标之间、财务度量绩效与非财务度量绩效之间、落后指标与先进指标之间、企业内部成长与企业外部满足顾客需求之间的平衡状态，是全面衡量企业战略管理绩效、进行战略控制的重要工具和方法。

平衡计分卡包括四个方面：财务、顾客、企业内部流程、员工的学习与成长。

平衡计分卡提供的将战略转化为企业绩效管理的框架如图 5-1 所示。

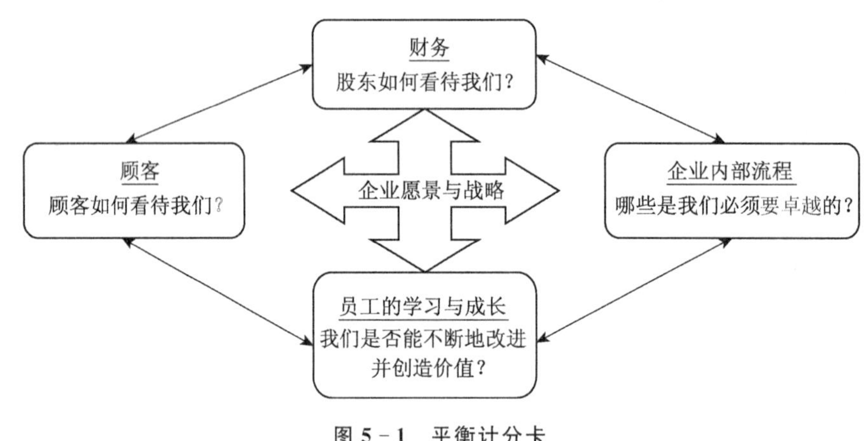

图 5-1 平衡计分卡

二、新商战常见战略分析

在新道新商战平台中，每个企业初始状态相同，给定的内部及外部环境也是一致的。因此，企业战略的制定是在特定资源环境下，追求企业财富最大化。根据规则的限制，普遍采用两种整体性战略：市场主导型和产能主导型。

5

一般在充分竞争的市场上，企业应当以市场为主导，制定企业的整体战略。以下介绍几种常见的整体战略，以供参考。

(一) 高产能、高广告、多品种

在市场环境较为宽松的情况下，企业可以采用高产能、高广告、多品种的企业战略。企业在经营初期，可以利用所有者权益尚未下降时举借大量长期贷款，用于新建生产线、产品研发，保证产能第一。再以高广告方式获取足量订单出货，夺取市场老大地位。产品由低端向高端过渡，以便在最短时间内实现权益的回升。

战略要点：

第一，市场订单。企业产能的释放，必须保证在市场上拿到预计的订单数量，只有保证销售任务完成，才能回笼资金以便有进一步发展的可能。反之，资金无法回笼，企业的现金就面临断流的风险。

第二，资本运作。企业需要有足够的资金用于扩大产能和维持高额费广告，同时，还需要抵制后期强大的还款压力。如何有效利用长短贷的融资方式，做好资金预算，是此战略的另一个操作要点。

（二）小本经营

在市场环境较为紧缩的情况下，企业可以采用小本经营战略。企业在经营之初，按需举借少量贷款，选择建设价格便宜、折旧费用少的手工线，以减少占用资金数量。投放广告时并不是砸广告抢单，而是选择低广告策略，拣相对合适的订单。由于企业战略为小本经营，运营成本少，即使没有按照预期拣到足够的订单，造成产品库存积压，企业也可以生存下去。同时，由于在市场环境中，一季度交货的产品普遍价格相对较高，而且较容易获得，上一年的库存商品也很容易出售。企业前期积累权益，在第 4、5 年逐渐转变生产线，第 6 年爆发以实现胜利。

战略要点：

第一，市场环境。此战略较适用于激烈竞争的市场环境，“开源”难度大，以“节流”求生存。如果市场环境宽松，此战略会使企业在初期错失发展良机，难以追赶其他竞争对手。

第二，广告投放。此战略中广告投放额度较低，因此对广告投放的准确度提出更高要求。要充分分析市场上其他竞争企业的生产线、产品状况，吃透市场预测，以最小的销售费用完成销售。

第二，换线时机。此战略在经营后期涉及生产线换线问题，因此要把握好换线时机，切勿冒进，应循序渐进，逐步实现。

（三）高产品、低广告

利用长短贷结合的筹资方式，建设柔性生产线，并研发中间产品和高端产品。利用柔性线灵活生产、无需转产费用和时间的特点，生产出中间产品后转产高端产品，由于产出的高端产品数量较少，因此在市场上可减少投放的广告金额，即可实现全部销售。并随着经营的推进，占领高端产品市场，最终获得胜利。

战略要点：

第一，市场订单。由于高端产品成本较高，产品积压会造成大量的资金占用，让企业面临资金断流的风险，因此，在本战略前期，必须全部出售高端产品。

第二，生产线数量。柔性线投资和折旧费用较高，初期数量过多会导致资金断流，数量过少又无法灵活搭配实现订单数量。因此，需要充分考虑高端产品价格、市场等因素，通过精准的财务预算，测算战略可行性。

任务二　以第二年经营数据点评生产管理与订购计划

一、生产管理

生产管理是指对一个生产系统的设计、运作、评价和改进的管理，它包含对从有形产品和无形产品的研究开发到加工制造、销售、服务、回收、废弃的全寿命过程所作的系统管理。

典型的生产管理案例有：泰勒的科学管理法；福特的标准化、简单化、专门化大量生产方式；通用汽车公司全面质量管理（TQM）；丰田的准时制生产方式（JIT）；丰田的精益生产方式（LP）等。

（一）产品及产品竞争战略

1. 产品

产品是能够提供给市场进行交换，供人们取得、使用或消费，并能够满足人们某种欲望或需要的东西。

整体产品包含三个层次：核心产品、形式产品和延伸产品。

2. 产品竞争战略

“竞争战略”是由当今全球第一战略权威，被誉为“竞争战略之父”的美国学者迈克尔·波特于1980年在其出版的《竞争战略》（*Competitive Strategy*）一书中提出的，波特为商界人士提供了三种卓有成效的竞争战略，它们是总成本领先战略、差别化战略和专一化战略。

（1）总成本领先战略。

成本领先要求建立高效的生产设施，在经验的基础上全力以赴降低成本，抓紧成本与管理费用的控制，以及最大限度地减小研究开发、服务、推销、广告等方面的成本费用。为了达到这些目标，就要在管理方面对成本给予高度的重视。尽管质量、服务以及其他方面也不容忽视，但贯穿于整个战略之中的是使成本低于竞争对手。一个公司成本较低，意味着当别的公司在竞争过程中已失去利润时，这个公司依然可以获得利润。

赢得总成本最低的有利地位通常要求具备较高的相对市场份额或其他优势，诸如与原材料供应方面的良好联系等，或许也可能要求产品的设计要便于制造生产，易于保持一个较宽的相关产品线以分散固定成本，以及为建立起批量生产而对所有主要顾客群进行服务。总成本领先地位非常吸引人。一旦公司赢得了这样的地位，所获得的较高边际利润又可以重新对新设备、现代设施进行投资以维护成本上的领先地位，而这种再投资往往是保持低成本状态的先决条件。

（2）差别化战略。

差别化战略是将产品或公司提供的服务差别化，树立起一些全产业范围内具有独特性的东西。实现差别化战略有许多方式：设计名牌形象、技术上的独特、性能特点、顾客服务、商业网络及其他方面的独特性。最理想的情况是公司在几个方面都有其差别化特点。

如果差别化战略成功地实施了，它就成为在一个产业中赢得高水平收益的积极战略。因为它建立起防御阵地对付五种竞争力量，虽然其防御的形式与成本领先有所不同。波特认为，推行差别化战略有时会与争取占有更大市场份额的活动相矛盾。推行差别化战略往往要求公司对于这一战略的排他性有思想准备。这一战略与提高市场份额两者不可兼顾。在建立公司的差别化战略的活动中总是伴随着很高的成本代价，有时即便全产业范围的顾客都了解公司的独特优点，也并不是所有顾客都将愿意或有能力支付公司要求的高价格。

（3）专一化战略。

专一化战略是主攻某个特殊的顾客群、某产品线的一个细分区段或某一地区市场。正如差别化战略一样，专一化战略具有许多形式。虽然低成本与差别化战略都是要在全产业范围内实现其目标，专一化战略的整体却是围绕着很好地为某一特殊目标服务这一中心建立的，它所开发推行的每一项职能化方针都要考虑这一中心思想。这一战略依靠的前提思想是：公司业务的专一化能够以高的效率、更好的效果为某一狭窄的战略对象服务，从而超过在较广阔范围内竞争的对手们。波特认为这样做的结果，是公司或者通过满足特殊对象的需要而实现了差别化，或者在为这一对象服务时实现了低成本，或者两者兼得。这样的公司可以使其赢利的潜力超过产业的普遍水平。这些优势保护公司抵御各种竞争力量的威胁。

但专一化战略常常意味着限制了可以获取的整体市场份额。专一化战略必然地包含着利润率与销售额之间互以对方为代价的关系。

3. 新产品开发战略

新产品类型包括全新产品、革新产品、改进新产品、市场重定位产品等。新产品开发过程包括构思形成、构思筛选、概念的形成和测试、市场营销战略的制定、商业分析、产品开发、市场试销、正式上市等步骤。

新产品开发战略的主要内容包括：设定战略目标；选择新事业领域；选择研究与开发方式，决定研究、开发规模和投入费用。

（二）生产能力

生产能力是指企业在一定时期内，在合理的、正常的技术组织条件下，所能生产的一定种类产品的最大数量。

扩大企业的生产能力，可以采用不同的策略，通常有激进型策略和保守型策略。

激进型策略是指针对增长的需求，企业扩大生产能力的时间略超前于需求到来的时间，每次生产能力扩大的幅度较大。保守型策略采取稳扎稳打的方针，在需求增长以后再扩大企业的生产能力，每次扩大的幅度不大。

（三）设备管理

设备管理是指依据企业的生产经营目标，通过一系列的技术、经济和组织措施，对设备寿命周期内的所有设备物质运动形态和价值运动形态进行的综合管理工作。

1. 设备的寿命周期费用

设备的寿命周期费用由以下两部分构成。

（1）固定费用：包括购置费、安装调试费、人员培训费。

（2）运行费用：包括直接或间接劳动费、保养费、维护费、消耗品费用等。

2. 评价设备经济性常用的方法

（1）投资回收期法。

（2）费用比较法。

（3）效益费用比较法。

3. 设备的维护

设备的维护是指为了保持设备正常的技术状态、延长使用寿命，按标准进行的检查与润滑，间隙的及时调整以及隐患的消除等一系列的日常工作。

二、产能计算

(一) 确定产能

正确计算企业的产能，是企业参加订货会和竞单会取得可接单量的基础。为了准确计算产能，必须要了解不同类型生产线的生产周期、年初在制品状态以及原材料订购情况，计算本年能够完工产品的数量。如表 5-1 所示，各类型生产线在不停产、转产状态下的最大生产能力。结合企业的生产线及库存情况，可以计算出可承诺量(ATP)。

当年某产品可接单量=期初库存+本年产量+可能的租赁线加工产量

表 5-1 各类型生产线产能表

生产线类型	年初在制品状态	各季度完成的生产				年最大生产能力
		1 季度	2 季度	3 季度	4 季度	
手工线	○ ○	生产		■		1
	● ○		■		■	2
	○ ●	■		■		2
自动/柔性线	○	生产	■	■	■	3
	●	■	■	■	■	4
租赁线(当年租赁)	○	生产	■	■	■	3
租赁线(往年租赁)	●	■	■	■	■	4
租赁线(退租)	●	■	■	■	退租	3
租赁线(当年退租)	○	生产	■	■	退租	2

注：○代表年初无在制品；●代表在制品的位置；■代表产品完工下线。

5

需要注意的是，ATP 并不是一个定数，而是一个区间范围。由于手工线、柔性线和租赁线(柔性)既没有转产周期，也没有转产费用，在计算产能时，要充分考虑转产的可能。同时要考虑紧急采购、加建生产线和向其他企业采购的可能性。

例如，A 企业在第 1 年建设了 3 条柔性线，第 2 年第 1 季度柔性线建成并开始生产，此时生产线刚刚建成，线上无在产品，第 2、3、4 季度各能下线一个产品，第 2 年固定产能为 3×3=9(个)。可能的租赁线加工产量是指本企业在市场上拿到多于固定产能之外的订单，这时，可以通过租赁生产线完成产品生产的数量。如果 A 企业生产 P2 产品，固定产能为 9 个，却在选单市场上拿到 12 个 P2 的订单，为了交单，可以在年初租赁一条生产线生产 P2，当年租赁的生产线可以下线 3 个产品。

(二) 生产计划

生产计划是生产过程的安排，包括长期、中期和短期计划。

企业生产总监与营销总监一起，在充分考虑市场需求的基础上，以最大限度地提高产能为目标，结合财务投资情况，制订出合理的长期生产计划。

依据本年度的订单，在产能总量能满足订单数量的前提下，制订中期生产计划，以便控制成本和减少采购的复杂性。此外，适量的产品库存以及柔性、超级手工、租赁柔性线的使用，能使中期生产计划具有更强的灵活性。

中期生产计划的细化就是短期生产计划，计划的主要内容是安排哪条生产线生产何种产品，在制订计划的同时，需要注意的是，在任何时间点上，每条生产线只能有 1 个产品在产，而且只能在产品研发完成之后才能生产。

企业主要有 5 个计划层次，即经营规划、销售与运作规划、主生产计划、物料需求计划和能力需求计划。这 5 个层次的计划实现了由宏观到微观、由粗到细的深化过程。

主生产计划是由宏观向微观的过渡性计划，是沟通企业前方（市场、销售等需求方）和后方（制造、供应等供应方）的重要环节。物料需求计划是主生产计划的具体化，能力需求计划是对物料需求计划做能力上的平衡和验证。从数据处理逻辑上讲，主生产计划与其他计划层次之间的关系如图 5－2 所示。

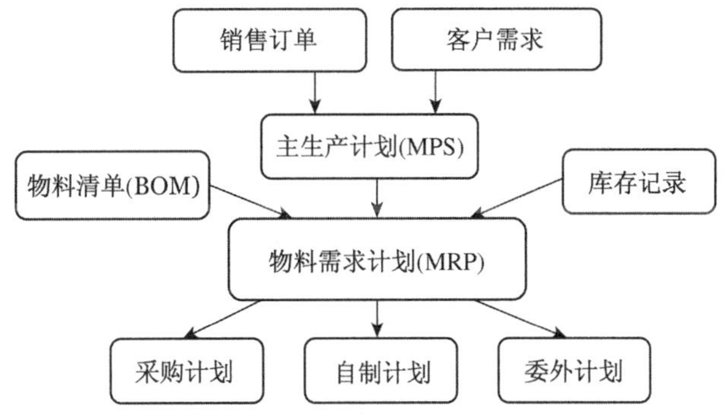

图 5－2　主生产计划与其他计划层次之间的关系

注：① 主生产计划（MPS）主要解决生产什么、生产多少、何时生产的问题。
② 物料清单（BOM）主要解决需要什么来进行生产的问题。
③ 库存记录明确企业已经拥有的原材料和半成品。
④ 物料需求计划（MRP）主要解决还需要什么的问题。

三、原材料订购计划

（一）采购计划

采购订划要解决三个问题：订购原材料种类、订购数量、订购时间。

1. 订购原材料种类

从图 5－2 中不难看出，采购计划的制订与物料需求计划直接相关，并直接上溯到主生产计划。根据主生产计划，减去产品库存，并按照产品的 BOM 结构展开，就得到了为满足生产还需要哪些物料，哪些可以自制，哪些必须委外，哪些需要采购。

5

2. 订购数量

明确了订购原材料种类后，还要计算订购数量，这与物料库存和采购批量有直接联系。

3. 订购时间

要达到“既不出现物料短缺，又不出现库存积压”的管理境界，就要考虑采购提前期、采购政策等相关因素。

（二）计划编制

获取订单后，就可以编制生产计划和原料订购计划。两者可以同时编制，以表 5－2 为例，企业拥有 1 条手工线生产 P1，两条自动线生产 P1，1 条柔性线生产 P1，第 3 季度开始转产 P2，并在下一年准备建 1 条租赁自动线生产 P1。

生产 P1 物料清单（BOM）为 R1，P2 物料清单（BOM）为 R2＋R3。其中 R1、R2 需要提前一个季度订购，R3 需要提前两个季度。根据当年获取订单情况和下一年生产变化等情况制订生产计划，然后根据生产计划制订原材料订购计划。

表 5－2 生产计划和原材料订购计划

时间季度	原材料订购计划				生产计划		
	R1	R2	R3	R4	自动线/租赁自动线	柔性线/租赁柔性线	手工线
1	3		1				
2	3	1	1		2P1	P1	
3	2	1	1		2P1	P2	P1
4	4	1	1		2P1	P2	
1	3	1	1		3P1	P2	P1
2		1			3P1	P2	

注意：原材料最长提前订购期为两个季度，制订当年生产计划和原材料采购计划，需要充分考虑下一年增加生产线、转产的情况，至少做到下一年第 2 季度。

1. 零库存管理

关于原材料的数量、采购计划排程，是物料需求计划（MRP）的核心内容之一，也是影响一个企业资金周转率的重要因素。资金是有时间价值的。在企业模拟经营中，企业资金部分来源于贷款，这意味着买原材料的钱是需要支付利息的，原材料库存本身是不会获取利润的。因此，原材料库存越多，就意味着需要更多的贷款，而增加的这部分贷款会增加财务费用的支出，同时降低了资金周转率。因此，减少库存是企业节流的一项重要举措。

在商战模拟经营中，产品的物料清单（BOM）是确定不变的，且原材料采购的时间周期也是确定的，因此，企业可以通过明确的生产计划，准确地计算出所需原材料的种类和数量，以及相应的采购时间。

通过精确计算，要做到下每一个原材料订单的时候，能明白这个原材料是什么时候、做什么产品需要的，这样才可以做到及时制（Just In Time，JIT）管理，实现零库存的目标。

2. 百变库存管理

零库存管理是基于将来产品产出不变的情况下所作的安排，而在实际的商战模拟经营中，可能会利用柔性线转产以及建设租赁线来调整已有的生产计划。因此，追求绝对的零库存，就难以根据市场选单情况及时灵活地调整生产安排。因此，在有柔性线和租赁线的情况下，原材料采购计划应该多做几种可能的方案，取各种采购方案中出现的原材料数额最大的值。

百变库存管理是指将市场可能出现的拿单情况进行多可能性的分析，做好充分的原材料预算。提前在第1年的第3、第4季度确定原材料采购订单时就做好转产库存的准备，同时在第2年的第1、第2季度减少相应的原材料订单，从而将上一年多订的预备转产的原材料库存消化掉。

做好原材料的灵活采购计划、百变库存管理，是保证后期的机动调整产能、灵活选取订单的基础，同时需要兼顾到资金周转率，才能发挥出各种生产线的最大价值。

任务三 以第三年经营数据点评企业营销

一、市场营销管理

市场营销是从卖方的立场出发，以买主为对象，在不断变化的市场环境中，以顾客需求为中心，通过交易程序，提供和引导商品或服务到达顾客手中，满足顾客需求与利益，从而获取利润的企业综合活动。

企业市场营销管理过程包含着四个紧密联系的步骤：分析市场机会，选择目标市场，确定市场营销策略，市场营销活动管理。

5

（一）分析市场机会

市场机会分析亦称市场内外分析、营销环境分析，是通过营销理论，分析市场上存在哪些尚未满足或尚未完全满足的显性或隐性的需求，以便企业能根据实际情况，找到内外结合的最佳点，从而组织和配置资源，有效地提供相应产品或服务，达到企业营销目的的过程。

1. SWOT分析

SWOT分析法是用来确定企业自身的竞争优势、劣势、机会和威胁，从而将企业战略与内部资源、外部环境有机地结合起来的一种科学的分析方法。

S（strengths）是优势，W（weaknesses）是劣势，O（opportunities）是机会，T（threats）是威胁。按照企业竞争战略的完整概念，战略应是一个企业“能够做的”（即组织的强项和弱项）和“可能做的”（即环境的机会和威胁）之间的有机组合。如表5-3所示，企业可以分析优势、劣势、机遇和挑战，形成SO、WO、ST、WT战略。

表 5-3 SWOT 分析

机遇与挑战	优势(S) 1. …… 2. ……	劣势(W) 1. …… 2. ……
机遇(O) 1. …… 2. ……	SO 战略 1. …… 2. …… 发挥优势、利用机遇	WO 战略 1. …… 2. …… 克服劣势、利用机遇
挑战(T) 1. …… 2. ……	ST 战略 1. …… 2. …… 利用优势、应对挑战	WT 战略 1. …… 2. …… 减少劣势、应对挑战

2. 波士顿矩阵法

波士顿矩阵法使用“销售增长率-市场占有率”区域图，对企业的各个业务单位进行分类和评估，如图 5-3 所示。

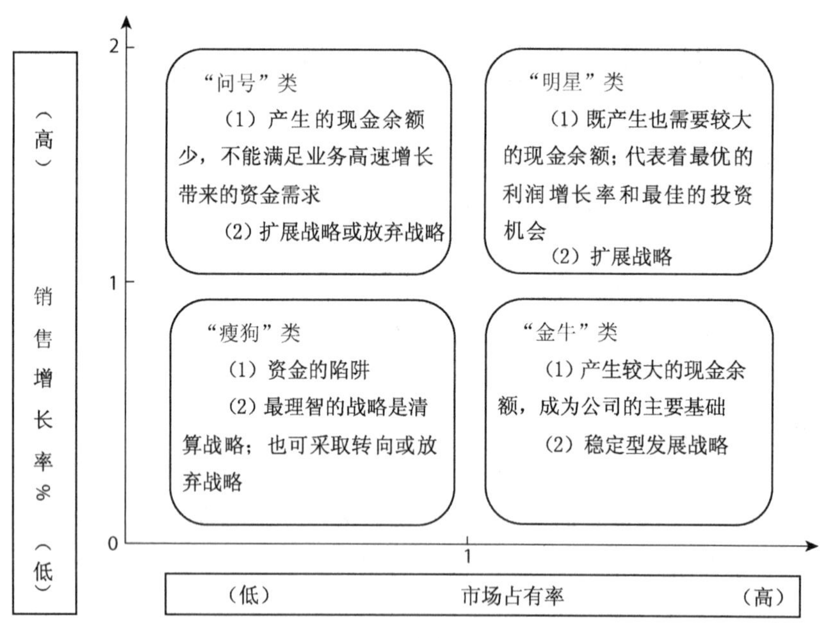

图 5-3 波士顿矩阵

图 5-3 中纵向表示销售增长率，即产品销售额的年增长速度，以 10%（也可以设为其他临界值）为临界线分为高、低两部分；横向表示业务单位的市场占有率与最大竞争对手市场占有率之比，称为相对市场占有率，以 1—0 为分界线分为低、高两个部分。销售增长率反映产品的成长机会和发展前途；相对市场占有率则表明企业的竞争实力大小。图中的四个象限分别代表以下四类不同的业务单位。

（1）“问号”类。

销售增长率高而相对市场占有率低的业务单位。大多数业务单位最初都处于这一象限，这类业务单位需要较多的投入，以赶上最大竞争对手和适应迅速增长的市场需求，但是它们又都前途未卜，难以确定前景。企业必须慎重考虑是对它们继续增加投入，还是维持现状，或者淘汰。

（2）“明星”类。

问号类业务如果经营成功，就会成为明星类业务。该业务单位的销售增长率和相对市场占有率都较高，因其销售增长迅速，企业必须大量投入资源以支持其快速发展，需要大量的现金投入，是企业业务中的“现金使用者”。待其销售增长率下降时，这类业务就从“现金使用者”变为“现金提供者”，即变为“明星”类业务单位。

（3）“金牛”类。

销售增长率低，相对市场占有率高的业务单位。由于销售增长率放缓，不再需要大量资源投入；又由于相对市场占有率较高，这些业务单位可以产生较高的收益，支援其他业务的生存和发展。“金牛”业务是企业的财源，这类业务单位越多，企业的实力越强。

（4）“瘦狗”类。

销售增长率和相对市场占有率都较低的业务单位。它们或许能提供一些收益，但往往是盈利甚少甚至亏损，因而不应再追加资源投入。

在对各业务单位进行分析之后，企业应着手制订业务组合计划，确定对各个业务单位的投资策略。可供选择的战略有以下四种：

（1）发展战略。

提高业务的市场占有率，必要时可放弃短期目标。适用于“问号”类业务，通过发展有潜力的“问号”类业务，可使之尽快转化为“明星”类业务。

（2）保持战略。

目标是保持业务的市场占有率，适用于“金牛”类业务，该类业务单位大多处于成熟期，采取有效的营销策略延长其盈利是完全可能的。

（3）缩减战略。

目标是尽可能地在有关业务上获取短期收益，而不过多地考虑长期效果。该战略适用于“金牛”类业务，也适用于“问号”和“瘦狗”类业务。

（4）放弃战略。

通过变卖或处理某些业务单位，把有限的资源用于其他效益较高的业务。该战略主要适用于“瘦狗”类业务或无发展前途、消耗盈利的“问号”类业务。

3. *产品生命周期*

产品生命周期是产品从试制成功投入市场开始直到最后被淘汰退出市场为止所经历的全部时间。产品生命周期分为导入期、成长期、成熟期和衰退期四个阶段，如图 5－4 所示。

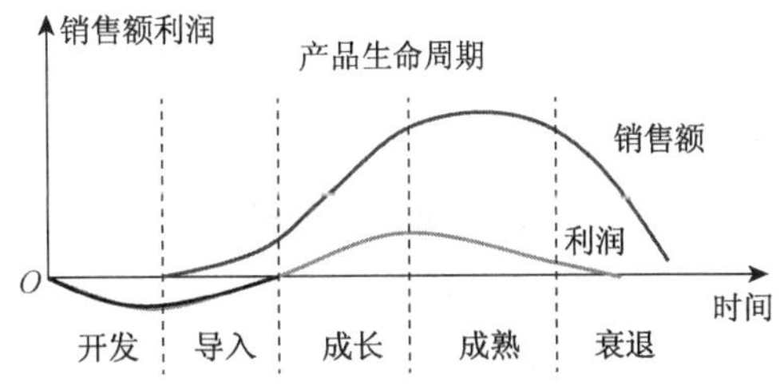

图 5－4　产品生命周期曲线

产品生命周期特征，如表 5－4 所示。

表 5-4 产品生命周期特征

比较项目	导入期	成长期	成熟期	衰退期
销售量	低	剧增	最大	衰退
顾客成本	高	一般	低	低
利润	亏损	利润增长	利润高	利润下降
顾客	创新者	早期接受者	主要一族	落后者
竞争者	很少	增多	数量稳定、开始下降	数量下降
营销目标	创建产品知名度	市场份额达到最大	保护市场份额的同时争取最大利润	减少开支，挤出品牌剩余价值

研究产品生命周期各阶段的特点以及产品生命周期的销售情况和获利能力随产品生命周期变化的趋势，有助于企业分析判断其各类产品现在处于什么阶段，未来发展趋势如何，以便企业采取正确的营销策略。

(二) 选择目标市场

1. 市场细分

市场细分是指根据整体市场上顾客需求的差异性，以影响顾客需求和渴望的某些因素为依据，将一个整体市场划分为两个或两个以上的消费者群体，每一个需求特点相类似的消费者群就构成一个细分市场。

市场细分是选择目标市场的基础。

2. 目标市场选择策略

目标市场的选择一般有以下三种策略：

(1) 无差异营销策略。指企业不进行市场细分，把整个市场作为目标市场。

(2) 差异性营销策略。指企业将整个市场细分后，选择两个或两个以上，直至所有的细分市场作为其目标市场。差异性营销策略包括完全差异性营销策略、市场专业化策略、产品专业化策略和选择性专业化策略。

(3) 集中性营销策略。指企业在对整体市场进行细分后，由于受到资源等条件的限制，决定只选取其中一个细分市场作为企业的目标市场，以某种市场营销组合集中实施于该目标市场。又称产品-市场专业化策略。

3. 市场定位

市场定位就是使企业产品具有一定的特色，适应目标市场一定的需求和爱好，塑造产品在目标客户心目中的良好形象和合适的位置。市场定位的实质就在于取得目标市场的竞争优势，确定产品在目标顾客心目中的适当位置并留下值得购买的印象，以吸引更多的客户。

(三) 确定市场营销策略

1. 品牌及品牌策略

(1) 品牌。

品牌是商品的商业名称及其标识的统称，通常由文字、标记、符号、图案、颜色以及它们的不同组合等构成。品牌通常由三部分构成：品牌名称、商标和其他品牌标志。

品牌是企业可利用的无形资产，有利于开展商品广告宣传和推销工作；有助于树立企业良好的形象；有利于企业推出新产品。

（2）品牌策略。

企业可以选择适用的品牌策略，具体包括品牌化策略、品牌提供者策略、品牌地位策略、品牌质量策略、品牌种族策略、品牌延展策略、品牌重塑策略。

2. 市场营销组合

市场营销组合是指企业为了进入某一特定的目标市场，在全面考虑其任务、目标、资源及外部环境的基础上，对企业可以控制的各种营销手段进行选择、搭配、优化组合、综合运用，以满足目标市场的需要，获取最佳经济效益的一种经营理念。

（1）4P营销组合策略。4P即产品（Product）、价格（Price）、渠道（Place）、促销（Promotion）。美国营销学学者麦卡锡教授认为，一次成功和完整的市场营销活动，意味着以适当的产品、适当的价格、适当的渠道和适当的传播促销推广手段，将适当的产品和服务投放到特定市场的行为。

（2）6P营销组合策略。企业营销活动不但要适应环境，还要为企业创造良好的市场营销环境，把公共关系、政治力量也作为企业的可控因素运用，以创造良好的营销环境，重视企业与外部环境的关系。6P即产品（Product）、价格（Price）、渠道（Place）、推广（Promotion）、政治力量（Political Power）与公共关系（Public Relations）。

（3）4C营销组合策略。是由美国营销专家劳特朋教授在1990年提出的，是以消费者需求为导向，重新设定了市场营销组合的四个基本要素：即消费者（Customer）、成本（Cost）、便利（Convenience）和沟通（Communication）。强调企业首先应该把追求顾客满意放在第一位，产品必须满足顾客需求，同时降低顾客的购买成本。产品和服务在研发时就要充分考虑客户的购买力，然后要充分注意到顾客购买过程中的便利性，最后还应以消费者为中心实施有效的营销沟通。

（4）4R营销组合策略。4R即关联（Related）、反应（Reaction）、关系（Relationship）、回报（Reward），是以关系营销为核心，注重企业和客户关系的长期互动，重在建立顾客忠诚。它既从厂商的利益出发又兼顾消费者的需求，是一个更为实际、有效的营销制胜术。

（四）市场营销活动管理

1. 营销计划

主要包括：计划概要、营销目标、主要的营销策略、提出行动方案和预算方案。

2. 营销组织

根据计划目标，通过一个强有力的营销团队执行营销方案。

3. 营销控制

在营销计划实施中，需要控制系统来保证营销目标的实现。主要包括年度计划控制、获利性控制、效率控制、战略控制。

二、市场需求预测

(一) 市场预测表——均价

"市场预测表——均价"用来反映 6 年来 P 系列各种产品的价格变化，如表 5-5 所示。

表 5-5 市场预测表——均价

序号	年份	产品	本地	区域	国内	亚洲	国际
1	第 2 年	P1	55.89	54.14	0.00	0.00	0.00
2	第 2 年	P2	70.42	71.38	0.00	0.00	0.00
3	第 2 年	P3	100.00	89.23	0.00	0.00	0.00
4	第 2 年	P4	129.67	127.91	0.00	0.00	0.00
5	第 2 年	P5	145.50	149.17	0.00	0.00	0.00
6	第 3 年	P1	49.58	0.00	48.27	0.00	0.00
7	第 3 年	P2	71.88	0.00	67.95	0.00	0.00
8	第 3 年	P3	82.37	86.64	93.14	0.00	0.00
9	第 3 年	P4	0.00	125.70	128.35	0.00	0.00
10	第 3 年	P5	147.79	156.25	0.00	0.00	0.00
11	第 4 年	P1	46.38	47.80	47.57	50.57	0.00
12	第 4 年	P2	70.12	0.00	70.07	70.38	0.00
13	第 4 年	P3	91.41	100.57	0.00	89.62	0.00
14	第 4 年	P4	134.83	112.17	126.00	123.67	0.00
15	第 4 年	P5	150.00	0.00	141.36	148.80	0.00
16	第 5 年	P1	45.09	43.07	47.50	42.00	53.17
17	第 5 年	P2	62.56	62.00	61.44	65.55	78.38
18	第 5 年	P3	87.80	0.00	93.32	0.00	87.70
19	第 5 年	P4	144.27	122.00	120.30	108.67	118.46
20	第 5 年	P5	141.83	142.18	142.00	142.71	141.91
21	第 6 年	P1	49.17	0.00	49.79	47.08	45.72
22	第 6 年	P2	66.33	67.89	67.83	69.51	70.54
23	第 6 年	P3	0.00	91.62	90.90	88.59	87.86
24	第 6 年	P4	0.00	124.38	0.00	126.83	132.90
25	第 6 年	P5	147.38	0.00	0.00	149.19	143.64

通过表 5-5，可以对案例市场的价格走势分析如下：

P1 产品自第 3 年开始，价格较大程度下降，3～5 年保持缓慢下降趋势；

P2 产品价格相对稳定，第 5 年较大下降，第 6 年小幅回涨；

P3 产品市场单价差距较大，整体价格第 3 年大幅下降，第 4 年回涨，第 5、第 6 年呈现下降趋势，个别市场个别年份无订单；

P4 产品 3 至 5 年价格缓慢下降，第 6 年价格回涨，注意第 6 年部分市场无订单；

P5 产品价格基本稳定，但注意部分市场无订单。

为了清晰观察 P 系列各产品的价格变化趋势，企业也可以通过 Excel 工具自行调整预测表的表现形式，如表 5－6 所示。

表 5－6　市场预测表——均价(自调版)

时　间	市　场	P1	P2	P3	P4	P5
第 2 年	本地	55.89	70.42	100.00	129.67	145.50
	区域	54.14	71.38	89.23	127.91	149.17
第 2 年平均价格		55.02	70.90	94.62	128.79	147.34
第 3 年	本地	49.58	71.88	82.37	0.00	147.79
	区域	0.00	0.00	86.64	125.70	156.25
	国内	48.27	67.95	93.14	128.35	0.00
第 3 年平均价格		48.93	69.92	87.38	127.03	152.02
第 4 年	本地	46.38	70.12	91.41	134.83	150.00
	区域	47.80	0.00	100.57	112.17	0.00
	国内	47.57	70.07	0.00	126.00	141.36
	亚洲	50.57	70.38	89.62	123.67	148.80
第 4 年平均价格		48.08	70.19	93.87	124.17	146.72
第 5 年	本地	45.09	62.56	87.80	144.27	141.83
	区域	43.07	62.00	0.00	122.00	142.18
	国内	47.50	61.44	93.32	120.30	142.00
	亚洲	42.00	65.55	0.00	108.67	142.71
	国际	53.17	78.38	87.70	118.46	141.91
第 5 年平均价格		46.17	65.99	89.61	122.74	142.13
第 6 年	本地	49.17	66.33	0.00	0.00	147.38
	区域	0.00	67.89	91.62	124.38	0.00
	国内	49.79	67.83	90.90	0.00	0.00
	亚洲	47.08	69.51	88.59	126.83	149.19
	国际	45.72	70.54	87.86	132.90	143.64
第 6 年平均价格		47.94	68.42	89.74	128.04	146.74

5

注意：为准确计算，加权平均价格应该为：各市场单价×各市场需求量÷市场需求量之和，若仅用来分析产品价格变化走势，也可以简便计算或直接计算算术平均价格。

（二）市场预测表——需求量

“市场预测表——需求量”是从产品数量的角度反映 6 年来 P 系列各产品的需求量变化，如表 5-7 所示。

表 5-7 市场预测表——需求量

序号	年份	产品	本地	区域	国内	亚洲	国际
1	第 2 年	P1	35	36	0	0	0
2	第 2 年	P2	24	26	0	0	0
3	第 2 年	P3	15	13	0	0	0
4	第 2 年	P4	15	11	0	0	0
5	第 2 年	P5	6	6	0	0	0
6	第 3 年	P1	12	0	22	0	0
7	第 3 年	P2	25	0	19	0	0
8	第 3 年	P3	19	25	7	0	0
9	第 3 年	P4	0	20	20	0	0
10	第 3 年	P5	24	16	0	0	0
11	第 4 年	P1	8	10	14	14	0
12	第 4 年	P2	8	0	15	24	0
13	第 4 年	P3	22	7	0	13	0
14	第 4 年	P4	6	6	10	9	0
15	第 4 年	P5	4	0	14	10	0
16	第 5 年	P1	11	14	20	19	12
17	第 5 年	P2	16	18	16	11	16
18	第 5 年	P3	41	0	22	0	37
19	第 5 年	P4	11	17	10	6	13
20	第 5 年	P5	6	11	7	7	11
21	第 6 年	P1	29	0	14	12	18
22	第 6 年	P2	6	19	29	35	24
23	第 6 年	P3	0	8	30	22	14
24	第 6 年	P4	0	13	0	12	29
25	第 6 年	P5	24	0	0	21	28

5

为了清晰观察 P 系列各产品的需求量变化趋势，企业也可以通过 Excel 工具自行调整预测表的表现形式，如表 5－8 所示。

表 5－8 市场预测表——需求量(自调版)

年份	市场	P1	P2	P3	P4	P5
第 2 年	本地	35	24	15	15	6
	区域	36	26	13	11	6
第 2 年合计		71	50	28	26	12
第 3 年	本地	12	25	19	0	24
	区域	0	0	25	20	16
	国内	22	19	7	20	0
第 3 年合计		34	44	51	40	40
第 4 年	本地	8	8	22	6	4
	区域	10	0	7	6	0
	国内	14	15	0	10	14
	亚洲	14	24	13	9	10
第 4 年合计		46	47	42	31	28
第 5 年	本地	11	16	41	11	6
	区域	14	18	0	17	11
	国内	20	16	22	10	7
	亚洲	19	11	0	6	7
	国际	12	16	37	13	11
第 5 年合计		76	77	100	57	42
第 6 年	本地	29	6	0	0	24
	区域	0	19	8	13	0
	国内	14	29	30	0	0
	亚洲	12	35	22	12	21
	国际	18	24	14	29	28
第 6 年合计		73	113	74	54	73

通过分析，可以看到 P1、P2 产品在第 3、第 4 年需求量减少，特别是 P1 产品，第 3、第 4 年市场需求量人幅度缩减。P3 产品需求量基本呈现逐年增长的趋势，特别是第 5 年需求量大幅增加。P4、P5 随着市场开拓的增加，需求量增加，但在第 4 年都出现需求量减少的情况。

第 4 年，模拟经营中期，各企业也稳步扩大了产能，此时产品需求量下降，势必会造成市场拥挤的现象。一部分企业可能会无法获得订单，导致产品积压，进而影响下一年的广告投放。

（三）市场预测表——订单

“市场预测表——订单”反映 6 年来 P 系列各产品的市场提供订单数量的变化，如表 5－9 所示。

表 5－9 市场预测表——订单

序号	年份	产品	本地	区域	国内	亚洲	国际
1	第 2 年	P1	8	10	0	0	0
2	第 2 年	P2	6	7	0	0	0
3	第 2 年	P3	4	3	0	0	0
4	第 2 年	P4	5	6	0	0	0
5	第 2 年	P5	3	4	0	0	0
6	第 3 年	P1	3	0	6	0	0
7	第 3 年	P2	6	0	5	0	0
8	第 3 年	P3	5	6	4	0	0
9	第 3 年	P4	0	5	5	0	0
10	第 3 年	P5	6	4	0	0	0
11	第 4 年	P1	3	4	4	4	0
12	第 4 年	P2	3	0	4	6	0
13	第 4 年	P3	6	5	0	5	0
14	第 4 年	P4	4	3	3	3	0
15	第 4 年	P5	3	0	4	4	0
16	第 5 年	P1	4	5	5	7	5
17	第 5 年	P2	5	5	4	4	4
18	第 5 年	P3	11	0	8	0	12
19	第 5 年	P4	3	5	3	3	4
20	第 5 年	P5	2	3	5	4	5
21	第 6 年	P1	8	0	4	3	7
22	第 6 年	P2	3	6	9	10	6
23	第 6 年	P3	0	4	10	8	4
24	第 6 年	P4	0	3	0	3	9
25	第 6 年	P5	7	0	0	5	8

在企业进入订货会选单时，市场内订单数量的多少直接影响到企业选单机会，企业需要充分考虑竞争对手生产情况，选择主导产品和辅助产品，最大限度地优化产品组合，实现以合理的广告费用投入，谋求更好的发展。

三、广告投入产出比分析与广告策略

（一）广告投入产出比分析

广告投入产出比分析是评价广告投入产出效益的指标，其计算公式为：

广告投入产出比＝订单销售额÷总广告投入

广告投入产出比分析用来比较各企业在广告投入上的差异。这个指标告诉经营者：本公司与竞争对手之间在广告投入策略上的差距，以警示营销总监深入分析市场和竞争对手，寻求节约成本、策略取胜的突破口。

图 5－5 中比较了第 3 年 U01 至 U08 8 个企业的广告投入产出比。从中可以看出，第 5 组企业每 10 万元的广告投入为它带来 33 万元的销售收入，因此，广告投入产出比胜过其他企业。

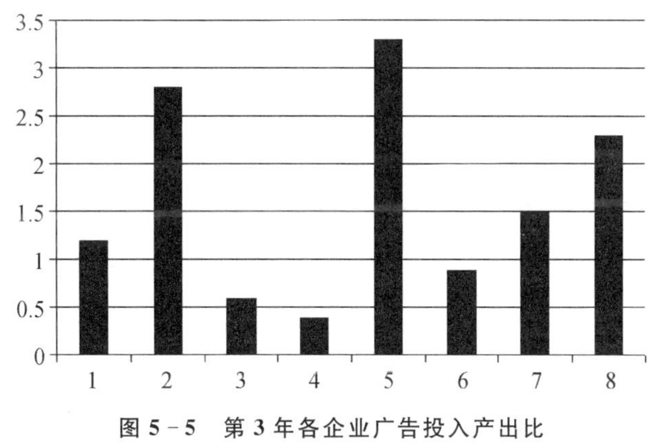

图 5－5　第 3 年各企业广告投入产出比

（二）广告策略

在商战系统中，几支队伍真正博弈交锋的战场就是在市场的选单过程中，产品的选择、市场的选择都集中反映在广告费用投放策略上。不同的市场、不同的规则、不同的竞争对手等等一切内外部因素都可能导致广告投放策略的不同。对于广告投放，没有绝对制胜的秘籍，提供的分析方法也仅仅是一种参考思路。

1. 图表信息转换

对于市场预测，可以将图表信息转换成企业易于读识的数据表，如表 5－10 所示。通过这样“数字化”转换以后，可以清晰地看到，各种产品、各个市场、各个年度不同需求和毛利。

通过图表信息转换，不仅可以让企业知道不同时期市场的“金牛”产品是什么，帮助企业作出战略决策，更重要的是，通过市场总需求量与不同时期全部队伍的产能比较，可以

表 5－10 各产品市场分析表

年份	产品	项目	本地	区域	国内	合计	平均值
第 3 年	P1	单价	49.58	0.00	48.27		
		数量	12.00	0.00	22.00	34.00	3.40
		毛利	29.58		28.27		
		单线毛利	29.58	0.00	28.27		
	P2	单价	71.88	0.00	67.95		
		数量	25.00	0.00	19.00	44.00	4.40
		毛利	41.88		37.95		
		单线毛利	41.88		37.95		
	P3	单价	82.37	86.64	93.14		
		数量	19.00	25.00	7.00	51.00	5.10
		毛利	42.37	46.64	53.14		
		单线毛利	42.37	46.64	53.14		
	P4	单价	0.00	125.70	128.35		
		数量	0.00	20.00	20.00	40.00	4.00
		毛利		75.70	78.35		
		单线毛利		37.85	39.175		
	P5	单价	147.79	156.25	0.00		
		数量	24.00	16.00	0.00	40.00	4.00
		毛利	87.79	96.25			
		单线毛利	43.895	48.125			

分析出该产品是“供大于求”还是“供不应求”。通过这样的分析，就可以大致地分析出各个市场的竞争激烈程度，从而有助于测算广告费。

2. 平均需求量分析

除了考虑整体市场的松紧情况，可以将这些需求量除以生产产品的企业数量，就可以得到一个平均值。在投广告时，如果企业打算今年出售的产品数量大于这个平均值，意味着可能需要投入更多的广告费用去抢别人手里的市场份额。反过来，如果打算出售的产品数量小于这个平均值，那么相对来说可以少投入一点广告费。

3. 整体广告方案

企业需要进行详细的各种分析并利用规则：“若在同一产品上有多家企业的广告投入

相同，则按该市场上全部产品的广告投入量决定选单顺序；若市场的广告投入量也相同，则按上年订单销售额的排名决定顺序。”在某一市场整体广告费偏高，或者前一年度销售额相对较高的情况下，可以适当优化部分产品的广告费用，从而实现整体最优的效果。

四、竞争状况分析

在新商战模拟经营电子沙盘平台中，各个企业在同一市场环境下进行模拟经营，企业既要考虑自身的运营，同时也要了解竞争对手的情况，并加以分析。

(一) 获取竞争状况信息的途径

1. 财务三表分析

每年结束，商战系统会下发财务三表，企业可以运用财务知识和经营经验，了解各个企业综合费用使用情况、财务状况和经营成果情况。特别是对企业产生重大影响的竞争对手，如生产同类产品或在有市场老大的规则下竞争同个市场对手的情况更要予以重视。

如某企业财务报表中企业产品库存数量较大，可以判断其在本年运营中订单未能拿满，在下一年的选单中，该企业可能通过大量投入广告费以获得足量订单。同时可以关注其库存现金金额和应收账款金额，大致判断其广告额度。

2. 间谍

企业可以在经营过程中，通过支付信息费用购买商业间谍，收集商业信息，了解竞争对手经营情况。

通过商业间谍，可以掌握其他企业厂房、生产线、市场开拓、ISO 开拓、产品开发情况。

提请注意：

(1) 选择使用间谍的时间。间谍可以在任意时间下操作；可查看任意一家企业在系统中的运行信息，查看总时间为 10 分钟(可变参数)。但是如果对方企业并未进行系统操作，则获取不到信息。

(2) 第二次查看必须在 50 分钟后(时间间隔可调整)。

(3) 需要缴纳一定费用或免费。

3. 巡盘

企业在巡盘过程中，尽可能多地记录下竞争对手现金流、贷款额度、生产产品资格、市场开拓情况、产品研发、库存产品、生产线类型等基本信息，同时，还要特别注意掌握企业新建生产线和原材料订购情况，以了解企业发展意图。

(二) 竞争状况分析要点

1. 产能

通过竞争对手的生产线情况以及原材料订购情况，可以推测出对手的最大产能及可能进行的转产计划，甚至每个季度可以交付几个什么产品都要了如指掌。只有这样，在选单市场或竞单市场的博弈中，才可能推断出对手的拿单策略，并且针对其产能需求采取遏制或规避战术。

2. 现金流

对现金流的密切监控，就可以分析出对手可能投放的广告费用多少及拿单的策略，为市场决策提供非常重要的依据。除库存现金外，还需要关注应收账款金额，企业可以在参加订货会和竞单会前进行贴现。

3. 订单

另外在每年的订货会中，除了做好自己选单，同时还要密切注意主要竞争对手的选单情况，不仅要记录他们销售的产品数量，甚至连交货期和账期都要作密切的关注和记录。尤其在有竞单规则的比赛中，关注对手的选单情况，就可以分析出他们在竞单市场的拿单能力，从而可以有针对性地制定竞单策略，来实现丰厚的销售利润。

企业应根据其他企业的公开信息，判断主要竞争对手和潜在竞争对手，推测竞争对手的战略和广告策略，以更好地适应市场。

五、竞单技巧分析

（一）竞单规则

竞单规则，打破原先订单总价、交货期、账期都是事先规定好的限制，通过“暗标”的方式来争取市场的订单。

事先规定好在企业经营到某几年的时候（如第 4 年和第 6 年、第 2 年或第 5 年等）开放竞单市场，在正常的市场订货会之外，增加了订单竞标的环节。参与竞标的订单标明了订单编号、市场、产品、数量、ISO 要求等，而总价、交货期、账期三项为空。

竞标订单的相关要求说明如下：

1. 投标资质

参与投标的公司需要有相应市场、ISO 认证的资质，但不必有生产资格。

中标的公司需为该单支付 5 万元标书费（在不同规则下，标书费略有不同，本规则以 5 万元为例），计入广告费。

如果（已竞得单数＋本次同时竞单数）×5＞现金余额，则不能再竞。即必须有一定现金库存作为保证金。如同时竞 3 张订单，库存现金为 29 万元，已经竞得 3 张订单，扣除了 15 万元标书费，还剩余 14 万元库存现金，则不能继续参与竞单，因为万一再竞得 3 张，14 万元库存现金不足支付标书费 15 万元。

为防止恶意竞单，对竞得单张数进行限制，如果某队已竞得单张数＞ROUND(3×该年竞单总张数÷参赛队数)，则不能继续竞单。

提请注意：

（1）ROUND 表示四舍五入。

（2）如上式为等于，可以继续参与竞单。

（3）参赛队数指经营中的队伍，破产退出经营则不算其内。

如某年竞单，共有 40 张，20 队参与竞单，当一队已经得到 7 张单，因为 7＞ROUND(3×40÷20)，所以不能继续竞单；但如果已经竞得 6 张，可以继续参与。

2. 投标规则

参与投标的公司须根据所投标的订单，在系统规定时间（90 秒，以倒计时秒形式显示）填写总价、交货期、账期三项内容，确认后由系统按照：

得分＝100＋(5－交货期)×2＋应收账期－8×总价÷(该产品直接成本×数量)

以得分最高者中标。如果计算分数相同,则先提交者中标。

提请注意:

(1) 总价不能低于(可以等于)成本价,也不能高于(可以等于)成本价的3倍。

(2) 必须为竞单留足时间,如在倒计时小于等于5秒再提交,可能无效。

(3) 竞得订单与选中订单一样,计入市场销售额。

(二) 竞单风险

在竞单市场中,由于每种产品都可以卖出直接成本3倍的价格,巨大的利润空间伴随着较高的竞单风险。

1. 产品积压

由于竞单市场的订单数量有限,如果企业将大量产品押宝在竞单市场,有的企业会因为无法拿到足够的订单而导致大量库存积压。

2. 降价倾销

因为竞争太激烈而大打价格战,出现大幅降价倾销的情况,进而增加了竞单市场的风险。

由于竞标会在订货会之后举行,这就意味着如果没有通过竞标会销售完产品,将没有其他途径获得订单,那么只能造成产品压库。在有竞单的年度,企业需要提前设计好竞单产品的品种、数量及价格、交货期、账期等因素。尤其注意如何分配参加竞标会和选单会的产品比例。留下来参与竞单的产品数量越小,其风险就越小,但相对来说可能的收益也越小;反之用于参加竞单的产品数量越大,则风险越大,但是可能获取的利润也就越大。

竞单环节的引入,大大提高了比赛的博弈性,需要企业在做好周密预算的基础上,充分吃透规则、因势利导,才能达到运筹帷幄、出其不意的效果。通过技巧性的违约和紧急采购这类特殊方法,可以相对平衡风险和利润,达到灵活多变的效果,最终通过这样的博弈获取更高的利润。

(三) 交货期、账期与总价

在竞单中,总价、交货期、应收款账期三个变量是需要企业填写的。取得订单的条件是公式“得分＝100＋(5－交货期)×2＋应收账期－8×总价÷(该产品直接成本×数量)”中得分最高者。

如果总价很低、账期很长、交货期很短,得分虽然高了,但是收益相对来说就非常低了;相反如果总价很高、账期很短、交货期很长,那么会导致得分很低从而无法获得该订单。不同产品直接成本不同,针对不同产品,除了利用市场准入、ISO限制等常规条件造成的相对垄断情况外,如何平衡这三个变量,找到得分和收益的最佳平衡点是决定竞单市场成败的关键所在。

1. 交货期与总价

由于不同的产品直接成本不同,竞单中产品数量不同,如何在竞单中设置3个参数成为企业需要考虑的重点。利用订单得分公式,企业可以自行设计Excel工具,计算得分,以便更好地完成竞单。

表 5-11 各产品交货期与总价竞单策略分析

产 品	竞 价 策 略				
	交货期(季)	应收账期(季)	总价(万元)	数 量	得 分
P1	1	4	60.00	1	88
	2	4	55.00	1	88
P2	1	4	90.00	1	88
	2	4	82.50	1	88
P3	1	4	120.00	1	88
	2	4	110.00	1	88
P4	1	4	150.00	1	88
	2	4	137.50	1	88
P5	1	4	180.00	1	88
	2	4	165.00	1	88

在表 5-11 中,在相同的应收账期情况下,延后一个季度的交货期,P1 产品单价需下降至少 5 万元,P2 产品单价需下降至少 7.5 万元,P3 产品单价需下降至少 10 万元,P4 产品单价需下降至少 12.5 万元,P5 产品单价需下降至少 15 万元。

如果要尽快收回货款,则还要下降,最终可能的结果就是尽管得到单,但是利润与订货会相比相差无几,甚至因为过分激烈的竞争环境,将利润空间压缩得比订货会还低。由此可见交货期在竞单博弈中的重要性,交货期越靠前,就可以将总价填得更高,这就意味着可以大大提升产品的毛利,从而直接影响净利润和最终权益的高低。

通过对交货期的分析,可以得知在订货会上尽量选择交货期靠后的单子,尽可能将交货期早的产品留在竞单市场,以谋取更高的利润。同时,交货期的另外一个影响要素是产能,产能越大,相对来说可以早交货的产品就越多。所以间接得出:产能越大,在竞单市场中越容易获得高额的利润。

2. 账期与总价

账期没有乘以系数,因此,账期的差异并不像交货期那样有个放大的效果。如表 5-12所示,2 个账期的影响相当于 1 个交货期的影响。

表 5-12 各产品账期与总价竞单策略分析

产品	竞 价 策 略				
	交货期(季)	应收账期(季)	总价(万元)	数 量	得 分
P1	1	4	60.00	1	88
	1	2	55.00	1	88
P2	1	4	90.00	1	88
	1	2	82.50	1	88

续　表

产品	竞价策略				
	交货期(季)	应收账期(季)	总价(万元)	数　量	得　分
P3	1	4	120.00	1	88
	1	2	110.00	1	88
P4	1	4	150.00	1	88
	1	2	137.50	1	88
P5	1	4	180.00	1	88
	1	2	165.00	1	88

那应该都填 4 账期以期获得更好的产品总价呢，还是应该都填 0 账期以获得更好的现金流呢？这是个辩证的关系，因为应收款可以通过贴现方式直接转换成现金，因此，应收款和总价之间还有个贴现费用转换的关系。

例如，2 个 P1 的竞单，都是第 1 季度交货，在总价优先的情况下总价填写满额 120 万元，采用 4 账期的应收账期，总分是 100＋(5－1)×2＋4－8×120÷(20×2)＝88(分)。另外一种情况应收账期为 0 账期的话，如果同样需要达到 88 分的得分，按照应收账期提前两个季度，P1 单价下降 5 万元，可以计算得出，2 个 P1 总价应该填写为 100 万元。

如果将 4 账期的 120 万元应收款直接贴现，贴息 15 万元，现金 105 万元，而直接填写 0 账期，现金仅为 100 万元，可见，通过延长竞单账期时间的方式，显然比直接通过提前应收账期来获取现金的方式更划算。

因此，应收账期都填 4 账期，对竞单的得分来说是最有利的。

(四) 特殊竞单技巧

1. 技巧性违约

在竞单的规则中，产品的总价是可以由各个队在产品直接成本的 1～3 倍区间中填写的。当竞单市场中订单价格比选单市场订单价格加上需要支付的违约金的总额还要高的话，即使企业已经在选单市场选了订单，企业也可以选择违约选单市场的订单，去完成竞单市场的订单，以获取比选单市场的订单更丰厚的利润。

注意：在有市场老大的情况下，不可违约市场老大的目标市场。

例如，企业在选单市场接了一张 4 个 P3，325 万元的订单，如果违约的话需要缴纳总价的 20%，也就是 65 万元的违约金，再加上 10 万元的竞单费用，也就说 4 个 P3 违约后的成本价是 400 万元，而在竞单市场，1 个 P3 可以最高卖到 120 万元，如果在竞单市场企业可以用 400 万元以上的价格拿到 4 个 P3 的订单，企业并不吃亏，如果可以满额 480 万元获得订单的话，即使违约了前面选单市场的订单，仍然有赚钱的空间。同时，竞单市场的账期和交货期有更多的灵活度，可以让对手猜不透自己真正的产能，从而达到压制竞争对手的目的。

2. 紧急采购

在紧急采购情况下，原材料为成本的 2 倍，产成品为成本的 3 倍，但是，并不是所有涉及紧

5

急采购的业务都是亏本买卖。在市场选单和竞单过程中,它可以发挥出"奇兵"的重要作用。

如在选单过程中,部分P1产品均价已经接近60万元,而P1产品的紧急采购价格也就是60万元。选单时如果出现大单而自己产能不够时,可以利用紧急采购来补充这部分的产品差额。另外在有市场老大的规则中,可以利用这样类似代销的模式,扩大在该市场的销售额,从而帮助企业抢到市场老大的地位。同样别的产品也是如此,通过销售紧急采购,可以无形地扩大自己的产能,达到出其不意的战术效果。

在竞单规则中,由于产品最大销售价格可以是该产品直接成本的3倍。因此,如果接到的订单是直接成本3倍的价格,那么即使自己的产能不够,也可以利用紧急采购来弥补,同时因为紧急采购是随时可以购买的,即买可以即卖,所以还可以在交货期上占有一定的优势。但是要注意,用紧急采购来交货并不是完全没有副作用的,即使在成本上没有亏损,也会导致把现金变成了应收款,因此在使用该方法时要先做好预算,看现金流是否可以支撑。

六、市场占有率分析

市场占有率是企业能力的一种体现,企业只有拥有了市场才有获得更多收益的机会。

市场占有率指标可以按销售数量统计,也可以按销售收入统计,这两个指标综合评定了企业在市场中销售产品和获取利润的能力。分析可以在两个方向上展开,一是横向分析,二是纵向分析。

横向分析是对同一期间各企业市场占有率的数据进行对比,用以确定某企业在本年度的市场地位。

纵向分析是对同一企业不同年度市场占有率的数据进行对比,由此可以看到企业历年来市场占有率的变化,这也从一个侧面反映了企业成长的历程。

(一) 综合市场占有率分析

5

综合市场占有率是指某企业在某个市场上全部产品的销售数量(收入)与全部企业在该市场上各类产品销售数量(收入)之比。计算公式如下:

某市场某企业的综合市场占有率=该企业在该市场上全部产品的销售数量(收入)÷全部企业在该市场上各类产品总销售数量(收入)×100%

从图5-6中可以看出,在第3年本地市场U05企业因为拥有最大的市场份额而成为市场领导者。

(二) 产品市场占有率分析

了解企业在各个市场的占有率仅仅是第一步,进一步确知企业生产的各类产品在各个市场的占有率,对企业分析市场、确立竞争优势也是非常必要的。产品市场占有率的计算公式如下:

某产品市场占有率=该企业在市场中销售的该类产品总数量(收入)÷市场中该类产品总销售数量(收入)×100%

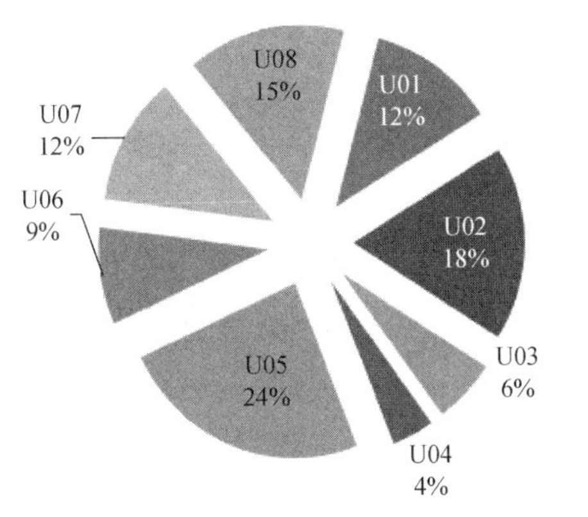

图 5－6　综合市场占有率分析

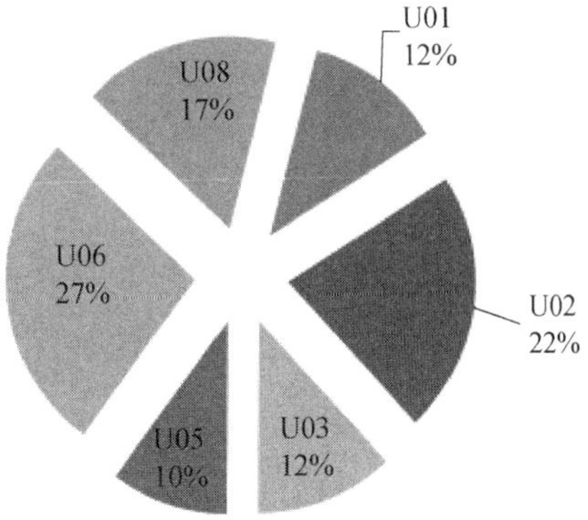

图 5－7　产品市场占有率分析

图 5－7 中显示了第 3 年 P2 产品各企业所占市场份额。

市场占有率分析可以帮助企业了解自身的发展状态，辅助市场营销决策，以便于企业调整战略，获得市场老大的地位。

任务四　以第四年经营数据点评筹资与生产线的转换

一、筹资策略分析

筹资策略，不仅直接关系到企业的财务费用多少，更重要的是直接影响着企业的资金流。需要明确，企业筹资的目的是为了获得利润。如果利用筹得的钱所赚的利润要比所要支付的财务费用高，那么只要允许，借得越多就意味着赚得越多；相反如果赚的钱还不够支付财务费用，那么借得越多就亏得越多。这个概念就是财务管理的总资产收益率(Return on Assets, ROA)、净资产回报率(Return on Equity, ROE)关系中利率的财务杠杆作用，因此，不贷款绝不是经营企业最好的策略。

如果不能合理安排好长短贷的筹资策略，企业很容易被高额的财务费用消耗大部分的利润，或者因为还不起到期的贷款而导致现金断流、企业破产。

(一) 长贷与短贷

长期贷款与短期贷款相比，长期贷款资金成本高，利率 10%，但是短期内不用面临偿还本金的压力；短期贷款成本低，利率 5%，但是 1 年内要还本付息。

1. 长短合理结合

一般来说，长期贷款用来做长期投资，如新建厂房和生产线、市场产品的研发投资等。短期贷款用来做短期周转，如原材料采购、产品加工费用等，并采用以贷养贷的战略。企业整体战略决策加上精准财务预算，是决定长短贷比例的最重要因素。只要合理调节好长短贷比例，把每一分钱都投入到最需要的地方，让它变成盈利的工具，就可以让借来的钱为企业服务，创造出更多的利润。

2. 短期贷款以贷养贷

由于短期贷款利率低，尽量多地使用短贷的方式来筹集资金，可以有效地减少财务费用。在短贷的具体操作上，只要可以保证企业的权益不下降，那么次年在还掉年初第1季度到期的短贷后，立即又可以申请相同金额的短贷，如此反复，类似一个滚雪球的过程，只要权益不降，就可以保证贷款额度不减少，随着企业权益的增加，贷款额度增加，从而保障以贷养贷策略的良性循环。

但这也是风险相当高的一种贷款模式，稍有不慎，会由于经营失误或者预算不准，导致权益下降。紧接着，贷款额度的下降导致企业还贷款后无法用新的贷款来弥补资金链上的空缺，就会出现现金断流而破产的局面。

对于初始资本较低的情况，完全采用短期贷款风险很大。

3. 长期贷款初期满贷

在宽松的市场环境下，全部长贷策略可能会取得意想不到的效果。如果可以充分利用长贷还款压力小的特点，前期可以用大量资金扩充产能、控制市场和产品，凭借前期惊人产能和对市场的绝对控制权，打造出不俗的利润空间，加上利用削峰平谷的分期长贷的方式（一部分在第4年还款，一部分到第5年还款），也可以达到让人意想不到的效果。

但是，在一般情况下，如果前期大量使用长贷，会导致财务费用过高，大量削减了企业的利润空间，从而使得企业发展缓慢。企业不考虑市场环境，一开始就拉满长贷，结果到期需要还款的时候，容易无法一次性筹集大量的现金，导致现金断流而破产。

（二）资金贴现

资金贴现可以分为两种情况：

1. 被动贴现

在现金流遇到困难时，迫不得已去将应收款或者厂房做贴现处理，如果不贴现，很可能就会出现资金断流的后果。

在被动贴现的情况下，企业一直处于以贴还债的局面，财务费用增加，却可能由于使用了下一个季度的应收账款，应付了这个季度，下一个季度又出现财务危机，需要再次贴现。从而陷入贴现的怪圈，造成财务费用增加，吞噬大量利润。

2. 主动贴现

在市场宽松而资金不足的情况下，主动贴现以换取更及时的资金，用于投入生产线的建设和产品的研发，从而达到迅速占领市场、扩大企业产能和市场份额的效果。

利用主动贴现出来的钱，用于扩大企业生产规模和市场份额，从资产回报率的角度来看，只要合理地运用贴现出来的现金，将其转换成更好的赢利工具，创造出比财务费用更高的利润，贴现就是有价值的。

二、偿债能力分析

企业分析偿债能力的主要指标有：

（一）流动比率

流动比率的计算公式为：

流动比率＝流动资产÷流动负债

这个指标体现了企业偿还短期债务的能力。流动资产越多，短期债务越少，则流动比率越大，企业的短期偿债能力越强。一般情况下，运营周期、流动资产中的应收账款数额和存货的周转速度是影响流动比率的主要因素。

(二) 速动比率

速动比率比流动比率更能体现企业的偿还短期债务的能力。其公式为：

速动比率＝速动资产÷流动负债＝(流动资产－在制品－产成品－原材料)÷流动负债

从公式中可以看出，在流动资产中，包括变现速度较慢且可能已贬值的存货，因此，将流动资产扣除存货再与流动负债对比，以衡量企业的短期偿债能力。一般低于1的速动比率通常被认为是短期偿债能力偏低的。影响速动比率的可信性的重要因素是应收账款的变现能力，账面上的应收账款不一定都能变现，也不一定非常可靠。

(三) 固定资产长期适配率

固定资产长期适配率的计算公式为：

固定资产长期适配率＝固定资产÷(长期负债+所有者权益)

这个指标应该小于1，说明固定资产的购建应该使用还债压力较小的长期贷款和股东权益，因为固定资产建设周期长，且固化的资产不能马上变现。如果用短期贷款来购建固定资产，由于短期内不能实现产品销售而带来现金回笼，势必造成还款压力。

(四) 资产负债率

资产负债率是反映债权人提供的资本占全部资本的比例，该指标也被称为负债经营比率。其公式为：

资产负债率＝负债÷资产

负债比率越大，企业面临的财务风险越大，获取利润的能力也越强。如果企业资金不足，依靠欠债维持，导致资产负债率特别高，偿债风险就应该特别注意了。资产负债率在60％～70％比较合理、稳健，当达到85％及以上时，视为发出预警信号，应引起企业足够的重视。

资产负债率指标不是绝对指标，需要根据企业本身的条件和市场情况判定。

三、生产线的转换

一般情况下，建成的自动线、柔性线是不需要换线的。但是出于产能和最终分数的考虑，手工线和租赁线可能会涉及换线的问题。

柔性线、自动线及租赁线的生产周期为1，即除建成当年产能为3个产品外，一年都可以产出4个产品。而手工线生产周期为2，一年只能产出2个产品。如果在厂房允许的情况下，2条手工线的产能才可以抵上1条柔性线。但是，企业拥有厂房的数量是有限的。以4个大厂房为例，如果全部采用手工线，16条手工线相当于8条柔性线，产能会大大落后于全部建设柔性线的企业。市场需求量越大，产品价格越高，手工线的劣势会越明显。因此,随着经营的推进,开拓的市场增加,在经营初期,选择使用手工线的企业,手工线制约产能的短板越来越凸显,需要考虑转换生产线。

第 4 年,在企业经营中期,生产线转换应以稳为主,有计划地建设高端生产线和撤线有序进行,以免换线太快,影响产能。

在部分规则中,手工线最终经营总分计算没有分数。企业如果在第 1 年投资建成的 1 条手工线,第 5 年手工线已提满折旧,此时出售手工线既可以收回残值,又节省了维修费用。同时,第 5 年投资的自动线或在第 6 年建成的柔性线也是不需要计提折旧的。

任务五 以第五年经营数据点评企业盈利

一、企业盈利

(一) 企业盈利分析指标

1. 毛利率

毛利率是经常使用的一个指标。其计算公式为:

毛利率=(销售收入－直接成本)÷销售收入

理论上讲,毛利率说明了每 1 元销售收入所产生的利润。更进一步思考,毛利率是获利的初步指标,利润表反映的是企业所有产品的整体毛利率,不能反映每个产品对整体毛利的贡献,因此还应该按产品计算毛利率。

2. 销售利润率

销售利润率是毛利率的延伸,是毛利减掉综合费用后的剩余。在“ERP 沙盘模拟”课程中,其计算公式为:

销售利润率=折旧前利润÷销售收入=(毛利－综合费用)÷销售收入

5

本指标代表了主营业务的实际利润,反映企业主业经营的好坏。两个企业可能在毛利率一样的情况下,最终的销售利润率不同,原因就是三项费用不同。

3. 总资产收益率(ROA)

总资产收益率是反映企业资产盈利能力的指标,它包含了财务杠杆概念的指标,计算公式为:

总资产收益率=息税前利润/资产合计

4. 净资产收益率(ROE)

净资产收益率反映投资者投入资金的最终获利能力,计算公式为:

净资产收益率=净利润÷所有者权益合计

ROA 和 ROE 是衡量企业盈利的关键性指标。ROA 越高反映企业的经营能力越强,相当于企业中 1 元钱的资产能获利多少。但企业的资产并不都是属于股东的,股东最关心的是他的收益率,ROE 反映的是股东 1 元钱的投资能收益多少。

两者关系如下：

$$ROE = 净利润 \div 权益 = 净利润 \div 总资产 \times 总资产 \div 权益$$
$$= ROA \times 1 \div (1 - 资产负债率)$$

其中，1÷(1－资产负债率)为权益乘数。当 ROA 一定时，资产负债率越高，ROE 就越高，表明企业在“借钱生钱”，用别人的钱为股东赚钱，这就是财务杠杆效应；资产负债率不变，ROA 越高，ROE 也越高，这表明企业的经营能力越强，给股东带来更大回报，这就是经营杠杆效应。

如果资产负债率过高，企业风险很大。大把欠着别人钱时，主动权不在经营者手里，一旦环境有变数那风险可实在是太大了。比如，一旦由于贷款到期出现现金流短缺，企业将面临严重的风险。当然资产负债率如果大于 1，就是资不抵债，理论上讲是破产了。

（二）其他财务分析指标

除了上述关于企业盈利能力的财务指标外，用于企业财务分析的常见指标还有：

1. 成长力

成长力表示企业是否具有成长的潜力，即持续盈利能力。

成长力指标由三个反映企业经营成果增长变化的指标组成：销售收入成长率、利润成长率和净资产成长率。

（1）销售收入成长率。

这是衡量产品销售收入增长的比率指标，以衡量经营业绩的提高程度，指标值越高越好。计算公式为：

$$销售收入成长率 = (本期销售收入 - 上期销售收入) \div 上期销售收入$$

（2）利润成长率。

这是衡量利润增长的比率指标，以衡量经营效果的提高程度，越高越好。计算公式为：

$$利润成长率 = [(本期(利息前)利润 - 上期(利息前)利润)] \div 上期(利息前)利润$$

（3）净资产成长率。

这是衡量净资产增长的比率指标，以衡量股东权益提高的程度。对于投资者来说，这个指标是非常重要的，它反映了净资产的增长速度，其公式为：

$$净资产成长率 = (本期净资产 - 上期净资产) \div 上期净资产$$

2. 安定力

这是衡量企业财务状况是否稳定，会不会有财务危机的指标，由四个指标构成，分别是流动比率、速动比率、固定资产长期适配率和资产负债率。前面已经介绍过，在此不再赘述。

3. 活动力

活动力是从企业资产的管理能力方面对企业的经营业绩进行评价的，主要包括四个指标：应收账款周转率、存货周转率、固定资产周转率和总资产周转率。

5

(1) 应收账款周转率(周转次数)。

应收账款周转率是在指定的分析期间内应收账款转为现金的平均次数,指标越高越好。其公式为:

应收账款周转率(周转次数)=当期销售净额÷当期平均应收账款
=当期销售净额÷[(期初应收账款+期末应收账款)÷2]

应收账款周转率越高,说明其收回越快。反之,说明营运资金过多呆滞在应收账款上,影响正常资金周转及偿债能力。

周转率可以以年为单位计算,也可以以季、月、周为单位计算。

(2) 存货周转率。

这是反映存货周转快慢的指标,其计算公式为:

存货周转率=当期销售成本÷当期平均存货
=当期销售成本÷[(期初存货余额+期末存货余额)÷2]

从指标本身来说,销售成本越大,说明因为销售而转出的产品越多。销售利润率一定,赚的利润就越多。库存越小,周转率越大。

这个指标可以反映企业中采购、库存、生产、销售的衔接程度。衔接得好,原材料适合生产的需要,没有过量的原料,产成品(商品)适合销售的需要,没有积压。

(3) 固定资产周转率。

固定资产周转率的计算公式为:

固定资产周转率=当期销售净额÷当期平均固定资产
=当期销售净额÷[(期初固定资产余额+期末固定资产余额)÷2]

如果是制造业和交通运输业,要计算固定资产周转率。这项指标的含义是固定资产占用的资金参加了几次经营周转,赚了几次钱,用以评价固定资产的利用效率,即产能是否充分发挥。资产周转率越高,企业资金周转越快,赚钱的速度越快,赚的钱就越多。

(4) 总资产周转率。

总资产周转率指标用于衡量企业运用资产赚取利润的能力。经常和反映盈利能力的指标一起使用,以全面评价企业的盈利能力。其公式为:

总资产周转率=当期销售收入÷当期平均总资产
=销售收入÷[(期初资产总额+期末资产总额)÷2]

该项指标反映总资产的周转速度,周转越快,说明销售能力越强。企业可以采用薄利多销的方法,加速资产周转,带来利润绝对额的增加。

4. 生产力

生产力是衡量人力资源的产出能力的指标,可通过计算以下两个指标衡量。

(1) 人均利润。

人均利润指标衡量人力投入与利润之间的关系。其计算公式如下:

人均利润＝当期利润总额÷当期平均职工人数
＝当期利润总额÷[(期初职工人数＋期末职工人数)÷2]

指标数值越大越好。

(2) 人均销售收入。

人均销售收入指标衡量人力投入与销售收入之间的关系。其计算公式如下：

人均销售收入＝当期销售净额÷当期平均职工人数
＝当期销售净额÷[(期初职工人数＋期末职工人数)÷2]

指标数值越大越好。

生产力指标旨在说明：企业规模扩大，员工数量增加，增加的这些员工生产是否有效率。

经营业绩的综合评价主要目的是与行业或特定的对手相比，发现自己的差距，以便在日后的经营中加以改进。

二、比赛最终分数的计算

(一) 比赛总分数计算

总成绩＝所有者权益×(1＋企业综合发展潜力÷100)

企业综合发展潜力＝市场资格分值＋ISO资格分值＋生产资格分值
＋厂房分值＋各条生产线分值

提请注意：

(1) 生产线建成(包括转产)即加分，无须生产出产品，也无须有在制品。

(2) 厂房必须为买的。

(3) 如有若干队分数相同，则最后一年在系统中先结束经营者排名靠前。

在沙盘模拟经营中，各组企业应充分掌握总成绩计算的公式，在一些情况下，牺牲一部分的权益去获得更高的综合发展潜力系数，可以取得更高的成绩。在不同运营规则中，综合发展潜力系数可能会有细微的差别，如表5-13所示。

表5-13　综合发展潜力系数

项　　目	综合发展潜力系数
自动线	8/条
柔性线	10/条
大厂房	10/个
中厂房	8/个
小厂房	6/个
本地市场开发	7

续 表

项 目	综合发展潜力系数
区域市场开发	7
国内市场开发	8
亚洲市场开发	9
国际市场开发	10
ISO9000	8
ISO14000	10
P1 产品开发	7
P2 产品开发	8
P3 产品开发	9
P4 产品开发	10
P5 产品开发	11

(二) 罚分规则

新商战平台作为集教学和竞技于一体的平台,在参加模拟运营中,还会设置罚分规则。

1. 运行超时扣分

运行超时有两种情况:一是指不能在规定时间内完成广告投放(可提前投广告);二是指不能在规定时间内完成当年经营(以点击系统中"当年结束"按钮并确认为准)。

处罚:按总分 20 分/分钟(不满 1 分钟算 1 分钟)计算罚分,最多不能超过 10 分钟。如果到 10 分钟后还不能完成相应的运行,将取消其参赛资格。

2. 报表错误扣分

必须按规定时间上报报表,且必须是账实相符,如果上交的报表与创业者自动生成的报表对照有误,在总得分中扣罚 50 分/次,并以创业者提供的报表为准修订。

注意:必须对上交报表时间作规定,延误交报表即视为错误 1 次。由运营超时引发延误交报表视同报表错误并扣分。

3. 盘面不实扣分

考虑到商业情报的获取,每年运行完成后,必须按照当年末结束状态,将运作结果摆在手工沙盘上,以便现场各队收集情报用。各队可以数币,翻牌查看,遇到提问必须如实回答。如果盘面与报表不符或隐瞒盘面状态,扣 50 分/次。

4. 其他违规扣分

在运行过程中,下列情况属违规:

(1) 对裁判正确的判罚不服从。

(2) 在比赛期间擅自到其他赛场走动。

(3) 指导教师擅自进入比赛现场。

(4) 其他严重影响比赛正常进行的活动。

如有以上行为者，视情节轻重，扣除该队总得分的200～500分。

任务六　企业综合财务分析与企业经营本质

一、如何管理资金——现金为王

在企业模拟经营中，经常会出现下面的情况：看到库存现金数量少就发慌，现金多才放心；能借钱的时候就尽量多借点，以免下一年借不到；明明现金不少，可是却破产了。以上的情况都说明一个问题，企业对如何管理资金尚不理解。

库存资金是越多越好吗？答案是否定的。可以说，资金如果够用，闲置资金越少越好。

在沙盘企业中，资金的来源可能是银行贷款，这是要付利息的，短贷利率最低，也要5%，而长贷利率要10%；也可能是股东投资，股东是要经营者拿钱去生钱的，放在企业里闲置，是不会生新钱的；也可能是销售回款，但放在企业闲置岂不是白白浪费。

企业破产有两种情况，一是权益为负，二是资金断流。现金不少，但是却破产了，必是权益为负。值得注意的是，权益和资金是两个概念，千万不要混淆。从短期看，两者的关系是矛盾的，资金越多，需要付出的资金成本——财务费用也越多，反而会降低本年权益；从长期看，两者又是统一的，权益高了，就可以从银行获得更多的贷款额度。

企业经营，特别在初期，权益和资金两者如何处理会相当纠结。要想发展，做大做强，必须得贷款、投资，但这时候受制于权益，贷款受到极大限制；如果贷款过多，财务费用大大提升，若经营不善，反而会导致权益下降。

可借不到钱，又如何发展呢？在权益较大的时候多借点，以免来年权益降了借不到，这个观点有一定道理。但是也不能盲目借款，否则以后一直会背着沉重的财务费用负担，甚至还不出本金。

通过以上分析可以看出，资金管理对企业经营的重要性。资金是企业日常经营的“血液”，断流一天都不可以。将可能涉及资金流入流出的业务进行汇总，不难发现基本上涵盖了所有业务。如果将来年可能的发生额填入表中，就自然形成了资金预算表，如表5-14所示。如果出现断流，必须及时调整，看看哪里会有资金流入，及时补充。

表5-14　资金预算表

项　目	1	2	3	4
期初库存现金				
支付上年应交税				
营销费用				
贴现费用				
利息(短期贷款)				

续 表

项 目	1	2	3	4
支付到期短期贷款				
原料采购支付现金				
转产费用				
生产线投资				
支付加工费				
收到现金前的所有支出				
应收款到期				
产品研发投资				
支付行政管理费				
利息(长期贷款)				
支付到期长期贷款				
设备维护费用				
支付租金				
购买新建筑				
市场开拓投资				
ISO 认证投资				
其他				
库存现金余额				

5

通过表 5－14 可以发现,资金流入项目非常有限,而其中对权益没有损伤的仅有“收到应收款”。其他流入项目对权益均有“负面”影响。长短贷、贴现——增加财务费用;出售生产线——损失了部失净值;虽然出售厂房不影响权益,但是购置厂房的时候是一次性付款的,而出售后得到的只能是四期应收款,损失了 1 年的时间,如果贴现也需要支付贴息增加财务费用。

这体现了经营过程中资金预算的意义:首先,保证企业正常运作,不发生断流,否则就是破产出局;其次,合理安排资金,降低资金成本,使股东权益最大化。

可见,资金管理的重要性不言而喻,实施资金预算和销售计划、开工计划、原料订购计划综合使用,既保证各计划正常进行,又不出现不必要的浪费,如库存积压、生产线停产、盲目超前投资等。同时如果市场形势、竞争格局发生改变,资金预算必须进行动态调整,适应要求。资金的合理安排,为其他部门的正常运转提供了强有力的保障。

二、用数字说话——找出不赚钱的原因

表 5－15,表 5－16 分别是模拟企业 U03 的综合费用表和利润表。

表 5-15　模拟企业 U03 综合费用表

费用项目	第 1 年	第 2 年	第 3 年	第 4 年	第 5 年	第 6 年
管理费	40	40	40	40	40	40
广告费	0	150	127	160	164	273
设备维护费	0	80	100	120	120	200
转产费	0	0	0	0	0	0
租金	44	44	44	44	44	88
市场准入开拓	50	30	20	10	0	0
产品研发	40	10	70	10	30	40
ISO 认证资格	25	25	0	0	0	0
信息费	0	0	0	0	0	0
其他	0	0	0	40	0	0
合计	199	379	401	424	398	641

表 5-16　模拟企业 U03 利润表

费用项目	第 1 年	第 2 年	第 3 年	第 4 年	第 5 年	第 6 年
销售收入	0	840	1 160	951	1 889	2 513
直接成本	0	320	520	400	880	1 120
毛利	0	520	640	551	1 009	1 393
综合管理费用	199	379	401	424	398	641
折旧前利润	−199	141	239	127	611	752
折旧	0	0	120	160	200	200
支付利息前利润	−199	141	119	−33	411	552
财务费用	0	17	80	122	167	176
税前利润	−199	124	39	−155	244	376
所得税	0	0	0	0	13	94
净利润	−199	124	39	−155	231	282

该企业运营除第 4 年销售回落外，基本实现销售收入的稳步增长，但是利润乏力，业绩平平。辛苦经营 6 年，却不赚钱。从以下三个方面，可以找出不赚钱的原因。

(一) 成本分析——钱花在了哪里

图 5-8 为企业各年度成本汇总，1 代表当年的销售额，各方块表示各类成本分摊比例。如果当年各方块累加高度大于 1，表示亏损；低于 1 表示盈利。

5

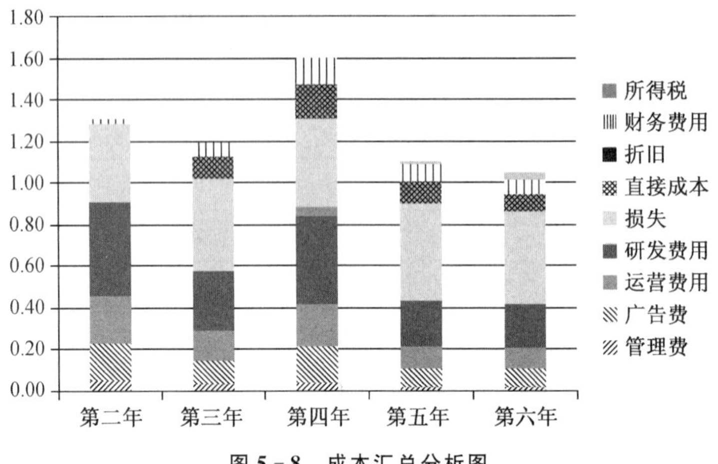

图 5-8 成本汇总分析图

说明：

(1) 考虑第 1 年没有销售，因此列出的数据从第 2 年开始。

(2) 运营费用＝厂房租金＋转产费＋设备维护费。

(3) 研发费用＝产品研发＋市场开拓＋ISO 资格认证。

根据企业综合费用表和利润表及成本汇总分析图，不难发现该企业第 2、第 3 年经营基本正常；但第 4 年出现违约，销售与生产衔接出现问题，收入降低的同时，还造成了损失；第 5、第 6 年财务费用过高，资金控制力不足；第 6 年广告投入过大。

企业利润增长强调“开源节流”，即提高销售收入的同时适度花费费用。通过对综合费用表和利润表的分析，可以发现费用主要包括：管理费、广告费、厂房租金、生产线维修费、产品研发、财务费用以及损失等。一些费用支出是必要且必然的，但一些费用支出是由于失误造成的不必要或过高支出，如：

(1) 资金控制力不足，财务预算不充分，未能合理贷款，或者盲目扩大生产线，不停使用贴现，才能保证现金流正常，造成财务费用过高。

(2) 选单发生失误或生产和销售未能很好地衔接，用紧急采购弥补，造成损失，或者违约订单，支付违约金造成损失。

(3) 对市场研究不透彻，广告费投入过高，降低单位订单利润。

知道钱花在了哪里，查明企业成本过高的原因，才能避免不必要的浪费。但有时候，企业费用控制很好，但利润还是乏力，可能是选择生产的产品利润率太低等原因。

(二) 产品贡献度——产什么合算

企业经营成果可以从利润表中看到，但财务反映的利润情况是公司经营的综合情况，并没有反映具体业务、具体合同、具体产品、具体项目等明细项目的盈利情况。盈利分析就是对企业销售的所有产品和服务分项进行盈利细化核算，基本公式为：

单产品盈利＝某产品销售收入－该产品直接成本－分摊给该产品的费用

这是一项非常重要的分析，它可以告诉企业经营者哪些产品是赚钱的，哪些产品是不赚钱的。

在这个公式中，分摊费用是指不能够直接认定到产品(服务)上的间接费用，比如广告费、管理费、维修费、租金、开发费等，都不能直接认定到某一个产品(服务)上，需要在当年的产品中进行分摊。分摊费用的方法有许多种，传统的方法有按收入比例、成本比例等进行分摊，这些传统的方法多是一些不精确的方法，很难谈上合理。企业选择费用分摊按照产品数量进行分摊，即：

某类产品分摊的费用＝分摊费用÷各类产品销售数量总和×某类产品销售的数量

按照这样的计算方法得出各类产品的分摊费用，根据盈利分析公式，计算出各类产品的贡献利润，再用利润率来表示对整个公司的利润贡献度，即：

某类产品的贡献利润/该类产品的销售收入＝(某类产品的销售收入－直接成本
－分摊给该类产品的分摊费用)
÷该类产品的销售收入

以 P1、P2、P3 为例，其结果以图 5－9 所示的产品销售利润率和图 5－10 所示的产品贡献利润来表示。

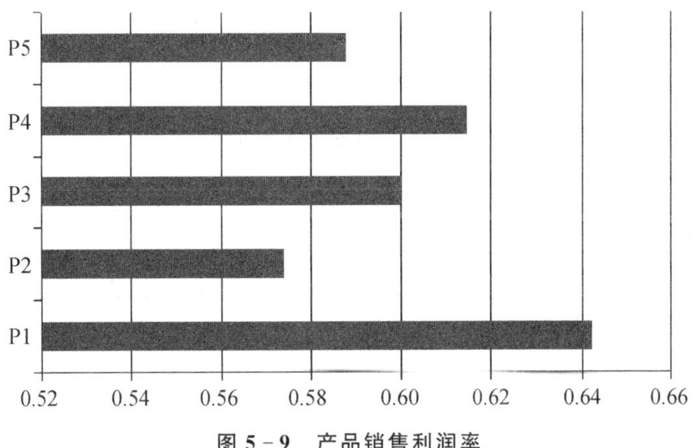

图 5－9　产品销售利润率

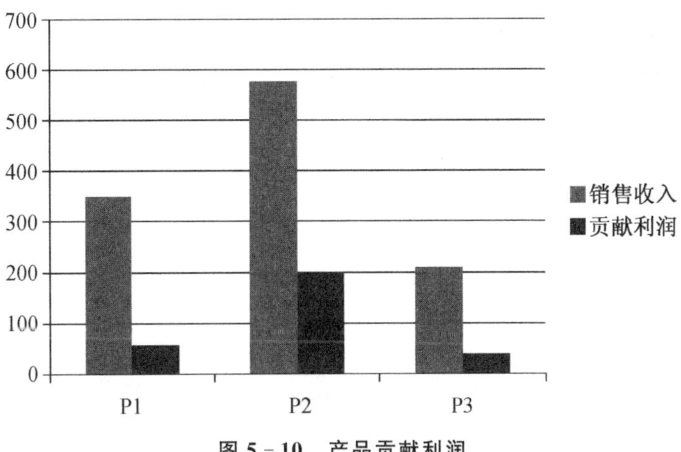

图 5－10　产品贡献利润

5

尽管分摊的方法有一定的偏差，但分析的结果可以说明哪些是赚钱的产品，值得企业大力发展，哪些产品赚得少或根本不赚钱。例如，通过市场分析得出单位 P4 净利润最高，如果所有企业都看到 P4 净利润高，都去生产的话，必然导致 P4 产品竞争激烈，推高广告费用，造成分摊到产品的成本增加。企业的经营者可以对这些产品进行更加仔细的分析，以确定企业发展的方向。

（三）量本利分析——产多少才赚钱

销售额和销售数量成正比。企业成本支出分为固定成本和变动成本两块，固定成本和销售数量无关，如综合费用、折旧、利息等。成本曲线和销售金额曲线交点即盈亏平衡点。通过图 5－11 可以分析出，盈利不佳，是因为成本过高或产量不足。

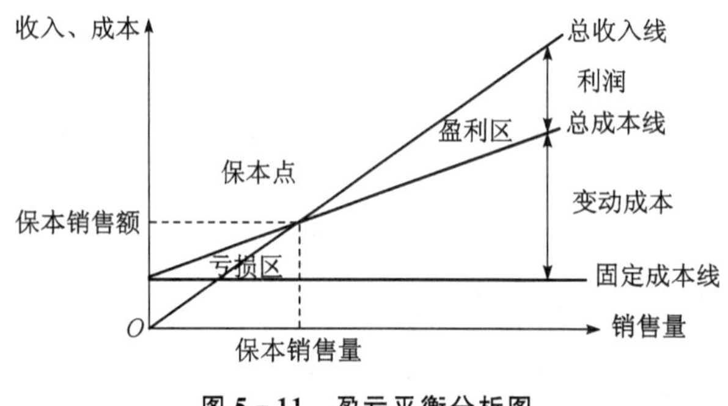

图 5－11 盈亏平衡分析图

三、杜邦分析——找出影响利润的因素

财务管理是企业经营管理的核心之一，如何实现股东财富最大化或公司价值最大化是财务管理的中心目标。任何一个公司的生存与发展都依赖于该公司能否创造价值。出于向投资者（股东）揭示经营成果和提高经营管理水平的考虑，需要一套实用、有效的财务指标体系，以便据此评价和判断企业的经营绩效、经营风险、财务状况、获利能力和经营成果。杜邦财务分析体系就是一种比较实用的财务比率分析体系。这种分析方法最早由美国杜邦公司使用，故名杜邦分析法。

杜邦分析法利用几种主要的财务比率之间的关系来综合地分析企业的财务状况，用来评价公司盈利能力和股东权益回报水平。它的基本思想是将企业净资产收益率（ROE）逐级分解为多项财务比率乘积，这样有助于深入分析比较企业经营业绩，如图 5－12 所示。

其中：

平均总资产＝（期初总资产＋期末总资产）÷2

总资产＝平均流动资产＋平均固定资产

平均固定资产＝（期初固定资产＋期末固定资产）÷2

平均流动资产＝（期初流动资产＋期末流动资产）÷2

权益乘数反映企业的负债能力。这个指标越高，说明企业资产总额中的大部分是通

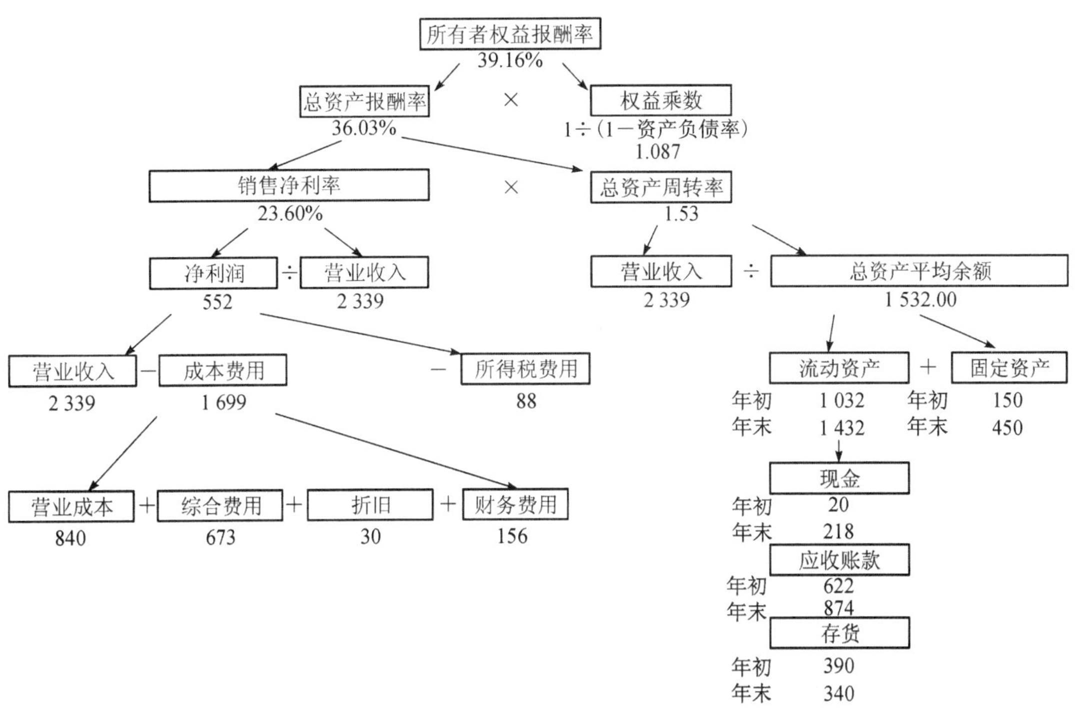

图 5－12　杜邦分析图解

过负债形成的，这样的企业将会面临较高的财务风险。而这个指标低，说明企业的财务政策比较稳健，负债较少，风险也小，但获得超额收益的机会也不会很多。

图 5－12 中，所有者权益报酬率（也称净资产收益率）是杜邦分析的核心指标，这是因为，任何一个投资人投资某一特定企业，其目的都在于希望该企业能给他带来更多的回报。因此，投资人最关心这个指标，同时，这个指标也是企业管理者制定各项财务决策的重要参考依据。通过杜邦分析，将影响这个指标的三个因素从幕后推向前台，使企业能够目睹他们的真实状态。所以在分析净资产收益率时，就应该从构成该指标的三个因素的分析入手。

为了找出销售净利率及总资产周转率水平高低的原因，可将其分解为财务报表有关项目，从而进一步发现问题产生的原因。销售净利率及总资产周转率与财务报表有关项目之间的关系可从杜邦分析图中一目了然。有了这张图，可以非常直观地发现是哪些项目影响了销售净利率，或者是哪个资产项目扯了资产周转率的后腿。

总资产报酬率水平高低的原因可进行类似指标分解。总资产报酬率低的原因可能在于销售利润较低，也可能在于总资产周转率较低。如果属于前一种情况，则需要在开源节流方面挖掘潜力；倘若属于后一种情况，则需要提高资产的利用效率，减少资金闲置，加速资金周转。

为了找出销售净利率及总资产周转率水平高低的原因，可将其分解为财务报表有关项目，从而进一步发现问题产生的原因。在电子沙盘后台经营分析中可以直接查看各企业不同年份的杜邦分析图。

杜邦分析既涉及企业获利能力方面的指标（所有者权益报酬率、销售净利率），又涉及营运能力方面的指标（总资产周转率），同时还涉及举债能力指标（权益乘数），可以说杜邦分析法是一个三位一体的财务分析方法。

项目六　新商战工具表制作和应用

◇ **职业能力目标**

使用表格还原数据找出问题；

学会规划战略目标；

对企业各项指标进行分析，具备综合分析能力和集体决策力。

任务一　新商战工具表简介和应用原则

三木工具表（第七版）

新商战工具表：简称预算表，通用性预算表内包含规则、采购表、厂房及生产线表、贷款表、订单登记表以及 6 年预算表。

应用原则：比赛中推盘，预算下年资金链及三表使用。

任务二　新商战工具表的编制

工具表使用 Excel 表格，进行关联性编制。

第 1 页为规则设置，如表 6－1 所示。

作用：规则设置为后面所有表格的基石，后面表格内许多数据取数都来源于此规则，根据实际比赛规则可改黄色（底纹）区域数据。

第 2 页为采购表，如表 6－2、表 6－3 所示。

采购表分两块：

(1) 产品物料清单（BOM），产品 BOM 取前面规则内的 BOM 数据，不可修改。

(2) 采购表，采购表右侧通过上面产品 BOM 以及左边生产计划（黄色区域为生产计划）设置函数（例：P1 的组成为 R1，在左侧部分第二季度需要生产 1 个 P1，那右边会自动在第一季度 R1 位置显示 1）（如第二年第一季度 R1 函数＝C4×D15＋C5×E15＋C6×F15＋C7×G15）。

表 6-1 各项规则设置部分表格

项目	违约金比例	20%	贷款额倍数	3
折价率	产品折价率	100%	原料折价率	80%
利率	长贷利率	10%	短贷利率	5%
贴现率	1，2期	10%	3，4期	12.50%
	初始现金	600	管理费	10
	信息费	10	所得税率	25%
	长贷年限	5	最小广告额	5
紧急采购（倍数）	原料倍数	2	成品倍数	3
	市场数量	2	市场老大	无

厂房	买价	租金/年	售价	容量
大厂房	440	44	440	4
中厂房	300	30	300	3
小厂房	180	18	180	2

取整规则		
	违约金	四舍五入
	出售库存	四舍五入
	贴现费用	向上取整
	扣税	四舍五入
	利息额	四舍五入

名称	购买价格	安装周期	生产周期	总转产费用	转产周期	维护费用	残值	折旧费	折旧年限	分值
手工线	50	1	2	0	0	8	10	10	5	0
租赁线	0	0	1	20	1	65	-65	0	5	0
自动线	150	3	1	20	1	20	30	30	5	8
柔性线	200	4	1	0	0	20	40	40	5	10
0	0	0	0	0	0	0	0	0	0	0
0	0	0	0	0	0	0	0	0	0	0

市场	开发费/年	时间
本地	10	1年
区域	10	1年
国内	10	2年
亚洲	[illegible]	[illegible]

认证	ISO9000	ISO14000
时间	2年	2年
费用	10	15
总计	20	30

表 6-2 产品结构及研发费用周期

产品构成	R1	R2	R3	R4	P1	加工费用	直接成本	研发费/季	研发周期	总费用
P1	1	0	0	0		10	20	10	2	20
P2	0	1	1	0	0	10	30	10	3	30
P3	1	0	1	1	0	10	40	10	4	40
P4	0	1	0	1	1	10	50	10	5	50
采购表										
年份		P1	P2	P3	P4	R1	R2	R3	R4	P1
第一年	第一季							0	0	
	第二季					0	0	0	0	0
	第三季					0	0	0	0	0
	第四季					0	0	0	0	0
第二年	第一季					0	0	0	0	0
	第二季					0	0	0	0	0
	第三季					0	0	0	0	0
	第四季					0	0	0	0	0
第三年	第一季					0	0	0	0	0
	第二季					0	0	0	0	0
	第三季					0	0	0	0	0
	第四季					0	0	0	0	0
第四年	第一季					0	0	0	0	0
	第二季					0	0	0	0	0

表 6－3　生产线表格

每年经营之前请对对应年度的经营标记进行修改，运行年份标记为“1”，未运行年份标记为“0”

年份	经营标记	生产线编号	1	2	3	4	5	6	7	8	9	10
		计划新建生产线类型										
		计划新建生产线产品										
第一年	0	第一年末										
		本年度维护										
		本年度折旧										
第二年	0	第二年末										
		本年度维护										
		本年度折旧										
第三年	0	第三年末										
		本年度维护										
		本年度折旧										
第四年	0	第四年末										
		本年度维护										
		本年度折旧										
第五年	0	第五年末										
		本年度维护										
		本年度折旧										
第六年	[illegible]	第六年末										
		本年度维护										

第 3 页为生产线及厂房表格。（注：以通用表格三木表为例，大家自己制作表格时可不做此页）

作用：此页主要作为维护以及折旧计算使用（该页无需函数向导）。

第 4 页为贷款表，如表 6－4 所示。

表 6－4　长期贷款及剩余可贷款数

年份	第一年	第二年	第三年	第四年	第五年	第六年
5 年						
4 年						
3 年						
2 年						
1 年						
当年贷款数	0	0	0	0	0	0
年初可贷数	1 800	1 680	1 560	1 440	1 320	1 220
第一季度	1 800	1 680	1 560	1 440	1 320	1 220
第二季度	1 800	1 680	1 560	1 440	1 320	1 220
第三季度	1 800	1 680	1 560	1 440	1 320	1 220
第四季度	1 800	1 680	1 560	1 440	1 320	1 220

作用：该页主要用于计算当年可贷最大额以及贷款传递到后面资金表里，使得后面表格数据更为清晰[函数向导 1：年初可贷数＝上年权益（如果是第一年那上年权益为规则设置里的初始权益）＊规则设置内贷款倍数－上年长贷总额－上年短贷总额]（函数向导 2：第一季度可贷金额为：该年年初可贷金额－上面第 1、第 2、第 3、第 4、第 5 年总和。第二、三、四季度可贷金额分别为同年上季度可贷金额－同年上季度贷款金额）。

第 5 页为订单登记表，如表 6－5 所示。

该页主要作用为订单登记。

第 6 页开始分别为第 1、第 2、第 3、第 4、第 5、第 6 年预算表。

预算表分为几部分：

第一部分，现金流量以及流程表，如表 6－6 所示。

该部分只需按照流程框定以及季初季末现金部分函数设定即可。

第二部分，广告费用表以及销售情况表，如表 6－7 所示。

6

表 6－5 订单登记表

						返回第二年								返回第三年			
第二年							第三年										
订单号	产品	数量	交期	账期	销售额	实际交货期	订单号	产品	数量	交期	账期	销售额	实际交货期	订单号	产品	数

表 6－6 现金流量及流程表

	A	B	C	D	E	F
1	初始权益	600	第一季	第二季	第三季	第四季
2	年度规划(年初现金)		600			
3	贴现	1Q				
4		2Q				
5		3Q				
6		4Q				
7	贴息		0			
8	信息费					
9	广告费		0			
10	应交税金					
11	长贷利息					
12	偿还长期贷款					
13	剩余现金		600			
14	申请长贷					
15	贴现					
16	贴息					
17	季初现金		600	590	580	570
18	还短期贷款					
19	支付利息					
20	申请短期贷款					
21	贴现					
22	贴息					
23	原材料入库					
24	购买厂房					
25	新建/在建生产线					
26	生产线转产					
27	生产线变卖					
28	紧急采购					
29	下一批生产					
30	剩余现金		600	590	580	570
31	更新应收款					
32	按订单交货（0账期）		0	0	0	0
33	产品研发					
34	贴现					
35	贴息					
36	厂房处理（包括租用）					
37	出售库存					
38	新市场开拓					
39	ISO资格认证					
40	违约罚款					
41	设备维护费用					
42	支付行政管理费		10	10	10	10
43	季末现金		590	580	570	560

表 6－7 广告费用及销售情况表

当年广告投放情况						
产品	本地	区域	国内	亚洲	国际	竞单
P1						
P2						
P3						
P4						

本年销售情况					订单登记销售核对
产品	个数	成本	销售额	毛利	0
P1		0		0	填写无误
P2		0		0	查看订单登记表
P3		0		0	
P4		0		0	

作用：广告投放情况方便后期查看数据时还原思路。

本年销售情况方便计算成本、毛利以及利润表取数。

函数向导：改表只需设置成本以及毛利函数。

成本＝个数×规则设置内对应产品成本。

毛利＝销售额－成本

第三部分，应收及贴现表，如表 6－8 所示。

表 6－8　应收及贴现表

按订单交货（应收账款）					
项目	期数	第一季	第二季	第三季	第四季
应收	0期				
	1期				
	2期				
	3期				
	4期				
贴现	1期				
	2期				
	3期				
	4期				
贴息		0	0	0	0

此版块需提供给许多数据点取数，是做表时的必有版块。

函数向导：贴息＝贴现额×规则设置内 1、2 以及 3、4 季度贴息不同比例计算即可。

第四部分，综合费用表，如表 6－9 所示。

表 6－9　综合费用表

项目	金额
管理费	40
广告费	0
维护费	0
损失	
转产费	0
厂房租金	
市场开拓	0
ISO认证	0
产品研发	0
信息费	0
合计	40

6

综合费用表内白色区域尽量以函数取数，能在运用时省下时间。

函数向导：该表格数值全部取决于第一张现金流量以及流程表。

第五部分，利润表，如表 6-10 所示。

表 6-10 利润表

项目	金额
销售收入	0
直接成本	0
毛利	0
综合费用	40
折旧前	-40
折旧	
利前利润	-40
财务费用	0
税前利润	-40
所得税	0
净利润	-40

函数向导：销售收入、成本、毛利取销售情况表。

综合费用取综合费用表。

财务费用取长贷利息、短贷利息以及贴息。

其余部分根据财务知识取数。

第六部分，资产负债表，如表 6-11 所示。

表 6-11 资产负债表

项目	上年数	本年数	项目	上年数	本年数
现金	560	520	长期负债	0	
应收款	0	0	短期负债	0	0
在制品	0		应交税金	0	0
产成品	0		—		
原材料	0		—		
流动合计	560	520	负债合计	0	0
厂房	0		股东资本	600	600
生产线	0		利润留存	0	-40
在建工程	0		年度净利	-40	-40
固定合计	0	0	权益合计	560	520
资产总计	560	520	负债权益	560	520
报表已平					

上年数直接取上年资产负债表数据。

本年数：现金取年末现金。

应收款取应收账款表格内数据。

短期负债取本年短贷总额。

其余部分根据财务知识取数。

任务三　新商战工具表的使用流程

(1) 把发放规则录入到规则设置表内。

(2) 录入广告以及销售情况。

(3) 根据实际走盘情况或者预算情况录入流程表。

(4) 综合费用表以及折旧填写。

(5) 资产负债表填写。

下面为某比赛实际数据，仅供参考，如表 6－12 所示。

表 6－12　比赛实际数据部分表格

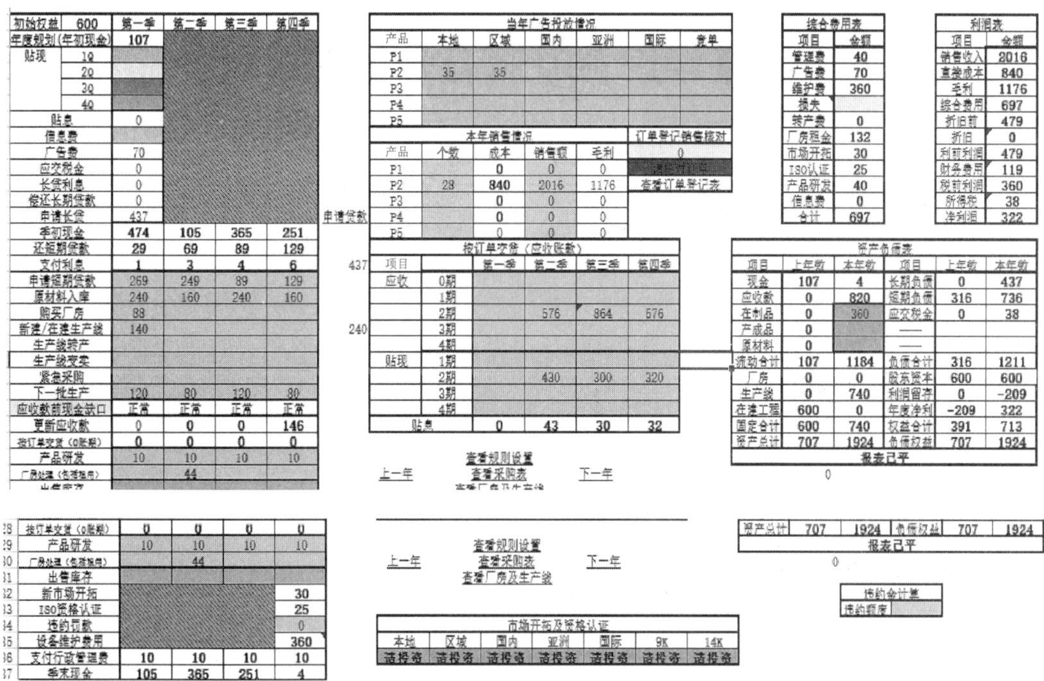

初始权益	600	第一季	第二季	第三季	第四季
年度规划(年初现金)		107			
贴现	1Q				
	2Q				
	3Q				
	4Q				
贴息		0			
信息费					
广告费		70			
应交税金		0			
长贷利息		0			
偿还长期贷款		0			
申请长贷		437			
季初现金		474	105	365	251
还短期贷款		29	69	89	129
支付利息		1	3	4	6
申请短期贷款		269	249	89	129
原材料入库		240	160	240	160
购买厂房		88			
新建/在建生产线		140			
生产线转产					
生产线变卖					
紧急采购					
下一批生产		120	80	120	80
应收款前现金缺口		正常	正常	正常	正常
更新应收款		0	0	0	146
按订单交货(0账期)		0	0	0	0
产品研发		10	10	10	10
厂房处理(包括租用)			44		
出售库存					
新市场开拓					30
ISO资格认证					25
违约罚款					0
设备维护费用					360
支付行政管理费		10	10	10	10
季末现金		105	365	251	4

申请贷款

当年广告投放情况						
产品	本地	区域	国内	亚洲	国际	竞单
P1						
P2	35	35				
P3						
P4						
P5						

本年销售情况				
产品	个数	成本	销售额	毛利
P1		0	0	0
P2	28	840	2016	1176
P3		0	0	0
P4		0	0	0
P5		0	0	0

订单登记销售核对：0

查看订单登记表

437

240

按订单交货(应收账款)					
项目		第一季	第二季	第三季	第四季
应收	0期				
	1期				
	2期		576	864	576
	3期				
	4期				
贴现	1期				
	2期		430	300	320
	3期				
	4期				
贴息		0	43	30	32

上一年　　查看规则设置　查看采购表　查看厂房及生产线　　下一年

综合费用表	
项目	金额
管理费	40
广告费	70
维护费	360
损失	
转产费	0
厂房租金	132
市场开拓	30
ISO认证	25
产品研发	40
信息费	0
合计	697

利润表	
项目	金额
销售收入	2016
直接成本	840
毛利	1176
综合费用	697
折旧前	479
折旧	0
利前利润	479
财务费用	119
税前利润	360
所得税	38
净利润	322

资产负债表					
项目	上年数	本年数	项目	上年数	本年数
现金	107	4	长期负债	0	437
应收款	0	820	短期负债	316	736
在制品	0	360	应交税金	0	38
产成品	0		——		
原材料	0		——		
流动合计	107	1184	负债合计	316	1211
厂房	0	0	股东资本	600	600
生产线	0	740	利润留存	0	-209
在建工程	600	0	年度净利	-209	322
固定合计	600	740	权益合计	391	713
资产总计	707	1924	负债权益	707	1924
报表已平					

0

违约金计算	
违约额度	

市场开拓及资格认证						
本地	区域	国内	亚洲	国际	9K	14K
请投资	请投资	请投资	请投资	请投资	请投资	请投资

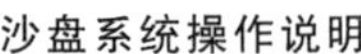

沙盘系统操作说明

附　录

运营记录手册

教学指导手册

附录一　沙盘模拟应用表格

附表 1-1　用户　　第 1 年经营

操作顺序	请按顺序执行下列各项操作。各总监在方格中填写原材料采购/在制品/产品出库及入库情况。其中：入库数量为“＋”，出库数量为“－”。季末入库合计为“＋”数据相加，季末出库合计为“－”数据相加				
年初	新年度规划会议				
	选单及招标竞单				
	制订新年度计划				
	支付应付税				
	支付长贷利息				
	更新长期贷款/长期贷款还款				
	申请长期贷款				
	原材料/在制品/产品库存台账	一季度	二季度	三季度	四季度
1	季初盘点(请填数量)				
2	更新短期贷款/短期贷款还本付息				
3	申请短期贷款				
4	原材料入库/更新原料订单				
5	下原料订单				
6	购买/租用——厂房				
7	更新生产/完工入库				
8	新建/在建/转产/变卖——生产线				

续　表

操作顺序	请按顺序执行下列各项操作。各总监在方格中填写原材料采购/在制品/产品出库及入库情况。其中：入库数量为“＋”，　出库数量为“－”。季末入库合计为“＋”数据相加，季末出库合计为“－”数据相加				
9	紧急采购原料(随时进行)				
10	开始下一批生产				
11	更新应收款/应收款收现				
12	按订单交货				
13	产品研发投资				
14	厂房——出售(买转租)/退租/租转买				
15	新市场开拓/ISO资格投资				
16	支付管理费/更新厂房租金				
17	出售库存				
18	厂房贴现				
19	应收款贴现				
20	季末出库合计				
21	季末支出合计				
22	季末数额对账(1项＋20项＋21项)				
	缴纳违约订单罚款				
	支付设备维护费				
年末	计提折旧				
	新市场/ISO资格换证				
	结账				

附表1－2　订单登记表

市场											
产品											
数量											
交货期											
应收款账期											
销售额											
成本											
毛利											

7

附表 1－3　产品核算统计表

项　目	P1	P2	P3	P4	P5	合计
数　量						
销售额						
成　本						
毛　利						

附表 1－4　综合管理费用明细表　　单位：W

项　目	金　额	备　注
管理费		
广告费		
维修费		
租　金		
转产费		
市场准入开拓		□本地　□区域　□国内　□亚洲　□国际
ISO 资格认证		□ISO9000　□ISO14000
产品研发		P1(　)　P2(　)　P3(　)　P4(　)　P5(　)
损　失		
合　计		

附表 1－5　利润表　　单位：W

项　目	本 年 数
销售收入	
直接成本	
毛利	
综合费用	
折旧前利润	
折旧	
支付利息前利润	
财务费用(利息＋贴息)	
税前利润	
所得税	
净利润	

附表 1－6　资产负债表

单位：W

资　　产	金　额	负债和所有者权益	金　额
流动资产：		负债：	
现金		长期负债	
应收款		短期负债	
在制品		应交税金	
成品			
原料			
流动资产合计		负债合计	
固定资产：		所有者权益：	
土地和建筑		股东资本	
机器与设备		利润留存	
在建工程		年度净利	
固定资产合计		所有者权益合计	
资产总计		负债和所有者权益总计	

附表 1－7　用户

第 2 年经营

操作顺序	请按顺序执行下列各项操作。各总监在方格中填写原材料采购/在制品/产品出库及入库情况。其中：入库数量为“＋”，出库数量为“－”。季末入库合计为“＋”数据相加，季末出库合计为“－”数据相加				
年初	新年度规划会议				
	选单及招标竞单				
	制订新年度计划				
	支付应付税				
	支付长贷利息				
	更新长期贷款/长期贷款还款				
	申请长期贷款				
	原材料/在制品/产品库存台账	一季度	二季度	三季度	四季度
1	季初盘点（请填数量）				
2	更新短期贷款/短期贷款还本付息				
3	申请短期贷款				
4	原材料入库/更新原料订单				

续　表

操作顺序	请按顺序执行下列各项操作。各总监在方格中填写原材料采购/在制品/产品出库及入库情况。其中：入库数量为“＋”，出库数量为“－”。季末入库合计为“＋”数据相加，季末出库合计为“－”数据相加				
5	下原料订单				
6	购买/租用——厂房				
7	更新生产/完工入库				
8	新建/在建/转产/变卖——生产线				
9	紧急采购原料(随时进行)				
10	开始下一批生产				
11	更新应收款/应收款收现				
12	按订单交货				
13	产品研发投资				
14	厂房——出售(买转租)/退租/租转买				
15	新市场开拓/ISO资格投资				
16	支付管理费/更新厂房租金				
17	出售库存				
18	厂房贴现				
19	应收款贴现				
20	季末出库合计				
21	季末支出合计				
22	季末数额对账(1项＋20项＋21项)				
年末	缴纳违约订单罚款				
	支付设备维护费				
	计提折旧				
	新市场/ISO资格换证				
	结账				

附表1－8　订单登记表

市场											
产品											
数量											
交货期											
应收款账期											

续 表

销售额										
成本										
毛利										

附表 1－9 产品核算统计表

项 目	P1	P2	P3	P4	P5	合计
数 量						
销售额						
成 本						
毛 利						

附表 1－10 综合管理费用明细表 单位：W

项 目	金 额	备 注
管理费		
广告费		
维修费		
租 金		
转产费		
市场准入开拓		□本地 □区域 □国内 □亚洲 □国际
ISO 资格认证		□ISO9000 □ISO14000
产品研发		P1（ ） P2（ ） P3（ ） P4（ ） P5（ ）
损 失		
合 计		

附表 1－11 利润表 单位：W

项 目	本 年 数
销售收入	
直接成本	
毛利	
综合费用	
折旧前利润	
折旧	

7

续　表

项　　目	本 年 数
支付利息前利润	
财务费用(利息＋贴息)	
税前利润	
所得税	
净利润	

附表 1－12　资产负债表　　单位：W

资　产	金　额	负债和所有者权益	金　额
流动资产：		负债：	
现金		长期负债	
应收款		短期负债	
在制品		应交税金	
成品			
原料			
流动资产合计		负债合计	
固定资产：		所有者权益：	
土地和建筑		股东资本	
机器与设备		利润留存	
在建工程		年度净利	
固定资产合计		所有者权益合计	
资产总计		负债和所有者权益总计	

附表 1－13　用户　　第 3 年经营

操作顺序	请按顺序执行下列各项操作。各总监在方格中填写原材料采购/在制品/产品出库及入库情况。其中：入库数量为“＋”，出库数量为“－”。季末入库合计为“＋”数据相加，季末出库合计为“－”数据相加		
年初	新年度规划会议		
	选单及招标竞单		
	制订新年度计划		
	支付应付税		
	支付长贷利息		
	更新长期贷款/长期贷款还款		
	申请长期贷款		

续　表

操作顺序	请按顺序执行下列各项操作。各总监在方格中填写原材料采购/在制品/产品出库及入库情况。其中：入库数量为“＋”，出库数量为“－”。季末入库合计为“＋”数据相加，季末出库合计为“－”数据相加				
	原材料/在制品/产品库存台账	一季度	二季度	三季度	四季度
1	季初盘点（请填数量）				
2	更新短期贷款/短期贷款还本付息				
3	申请短期贷款				
4	原材料入库/更新原料订单				
5	下原料订单				
6	购买/租用——厂房				
7	更新生产/完工入库				
8	新建/在建/转产/变卖——生产线				
9	紧急采购原料（随时进行）				
10	开始下一批生产				
11	更新应收款/应收款收现				
12	按订单交货				
13	产品研发投资				
14	厂房——出售（买转租）/退租/租转买				
15	新市场开拓/ISO资格投资				
16	支付管理费/更新厂房租金				
17	出售库存				
18	厂房贴现				
19	应收款贴现				
20	季末出库合计				
21	季末支出合计				
22	季末数额对账（1项＋20项＋21项）				
年末	缴纳违约订单罚款				
	支付设备维护费				
	计提折旧				
	新市场/ISO资格换证				
	结账				

附表 1－14　订单登记表

市场											
产品											
数量											
交货期											
应收款账期											
销售额											
成本											
毛利											

附表 1－15　产品核算统计表

项　目	P1	P2	P3	P4	P5	合计
数　量						
销售额						
成　本						
毛　利						

附表 1－16　综合管理费用明细表　　单位：W

项　目	金　额	备　注
管理费		
广告费		
维修费		
租　金		
转产费		
市场准入开拓		□本地　□区域　□国内　□亚洲　□国际
ISO 资格认证		□ISO9000　□ISO14000
产品研发		P1(　)　P2(　)　P3(　)　P4(　)　P5(　)
损　失		
合　计		

附表 1－17　利润表　　单位：W

项　目	本　年　数
销售收入	
直接成本	

续　表

项　　目	本　年　数
毛利	
综合费用	
折旧前利润	
折旧	
支付利息前利润	
财务费用(利息＋贴息)	
税前利润	
所得税	
净利润	

附表 1－18　资产负债表　　单位：W

资　　产	金　额	负债和所有者权益	金　额
流动资产：		负债：	
现金		长期负债	
应收款		短期负债	
在制品		应交税金	
成品			
原料			
流动资产合计		负债合计	
固定资产：		所有者权益：	
土地和建筑		股东资本	
机器与设备		利润留存	
在建工程		年度净利	
固定资产合计		所有者权益合计	
资产总计		负债和所有者权益总计	

附表 1－19　用户　　第 4 年经营

操作顺序	请按顺序执行下列各项操作。各总监在方格中填写原材料采购/在制品/产品出库及入库情况。其中：入库数量为“＋”，出库数量为“－”。季末入库合计为“＋”数据相加，季末出库合计为“－”数据相加		
年初	新年度规划会议		
	选单及招标竞单		

续 表

操作顺序	请按顺序执行下列各项操作。各总监在方格中填写原材料采购/在制品/产品出库及入库情况。其中：入库数量为“+”， 出库数量为“-”。季末入库合计为“+”数据相加，季末出库合计为“-”数据相加				
年初	制订新年度计划				
	支付应付税				
	支付长贷利息				
	更新长期贷款/长期贷款还款				
	申请长期贷款				
	原材料/在制品/产品库存台账	一季度	二季度	三季度	四季度
1	季初盘点(请填数量)				
2	更新短期贷款/短期贷款还本付息				
3	申请短期贷款				
4	原材料入库/更新原料订单				
5	下原料订单				
6	购买/租用——厂房				
7	更新生产/完工入库				
8	新建/在建/转产/变卖——生产线				
9	紧急采购原料(随时进行)				
10	开始下一批生产				
11	更新应收款/应收款收现				
12	按订单交货				
13	产品研发投资				
14	厂房——出售(买转租)/退租/租转买				
15	新市场开拓/ISO 资格投资				
16	支付管理费/更新厂房租金				
17	出售库存				
18	厂房贴现				
19	应收款贴现				
20	季末出库合计				
21	季末支出合计				
22	季末数额对账(1 项+20 项+21 项)				

续　表

操作顺序	请按顺序执行下列各项操作。各总监在方格中填写原材料采购/在制品/产品出库及入库情况。其中：入库数量为“＋”，出库数量为“－”。季末入库合计为“＋”数据相加，季末出库合计为“－”数据相加		
年末	缴纳违约订单罚款		
	支付设备维护费		
	计提折旧		
	新市场/ISO资格换证		
	结账		

附表 1－20　订单登记表

市场										
产品										
数量										
交货期										
应收款账期										
销售额										
成本										
毛利										

附表 1－21　产品核算统计表

项　目	P1	P2	P3	P4	P5	合计
数　量						
销售额						
成　本						
毛　利						

附表 1－22　综合管理费用明细表　　单位：W

项　目	金　额	备　　注
管理费		
广告费		
维修费		
租　金		
转产费		

续　表

项　目	金　额	备　　注
市场准入开拓		□本地　□区域　□国内　□亚洲　□国际
ISO 资格认证		□ISO9000　□ISO14000
产品研发		P1(　)　P2(　)　P3(　)　P4(　)　P5(　)
损　失		
合　计		

附表 1－23　利润表

单位：W

项　　目	本 年 数
销售收入	
直接成本	
毛利	
综合费用	
折旧前利润	
折旧	
支付利息前利润	
财务费用(利息＋贴息)	
税前利润	
所得税	
净利润	

附表 1－24　资产负债表

单位：W

资　　产	金　额	负债和所有者权益	金　额
流动资产：		负债：	
现金		长期负债	
应收款		短期负债	
在制品		应交税金	
成品			
原料			
流动资产合计		负债合计	
固定资产：		所有者权益：	
土地和建筑		股东资本	

7

续　表

资　　产	金　额	负债和所有者权益	金　额
机器与设备		利润留存	
在建工程		年度净利	
固定资产合计		所有者权益合计	
资产总计		负债和所有者权益总计	

附表 1－25　用户　　第＿5＿年经营

操作顺序	请按顺序执行下列各项操作。各总监在方格中填写原材料采购/在制品/产品出库及入库情况。其中：入库数量为“＋”，出库数量为“－”。季末入库合计为“＋”数据相加，季末出库合计为“－”数据相加																
年初	新年度规划会议																
	选单及招标竞单																
	制订新年度计划																
	支付应付税																
	支付长贷利息																
	更新长期贷款/长期贷款还款																
	申请长期贷款																
	原材料/在制品/产品库存台账	一季度				二季度				三季度				四季度			
1	季初盘点(请填数量)																
2	更新短期贷款/短期贷款还本付息																
3	申请短期贷款																
4	原材料入库/更新原料订单																
5	下原料订单																
6	购买/租用——厂房																
7	更新生产/完工入库																
8	新建/在建/转产/变卖——生产线																
9	紧急采购原料(随时进行)																
10	开始下一批生产																
11	更新应收款/应收款收现																
12	按订单交货																
13	产品研发投资																
14	厂房——出售(买转租)/退租/租转买																

7

续　表

操作顺序	请按顺序执行下列各项操作。各总监在方格中填写原材料采购/在制品/产品出库及入库情况。其中：入库数量为“＋”，出库数量为“－”。季末入库合计为“＋”数据相加，季末出库合计为“－”数据相加				
15	新市场开拓/ISO资格投资				
16	支付管理费/更新厂房租金				
17	出售库存				
18	厂房贴现				
19	应收款贴现				
20	季末出库合计				
21	季末支出合计				
22	季末数额对账(1项＋20项＋21项)				
年末	缴纳违约订单罚款				
	支付设备维护费				
	计提折旧				
	新市场/ISO资格换证				
	结账				

附表1－26　订单登记表

市场											
产品											
数量											
交货期											
应收款账期											
销售额											
成本											
毛利											

附表1－27　产品核算统计表

项　目	P1	P2	P3	P4	P5	合计
数　量						
销售额						
成　本						
毛　利						

附表 1－28　综合管理费用明细表　　单位：W

项　目	金　额	备　　注
管理费		
广告费		
维修费		
租　金		
转产费		
市场准入开拓		□本地　□区域　□国内　□亚洲　□国际
ISO 资格认证		□ISO9000　□ISO14000
产品研发		P1(　)　P2(　)　P3(　)　P4(　)　P5(　)
损　失		
合　计		

附表 1－29　利润表　　单位：W

项　　目	本　年　数
销售收入	
直接成本	
毛利	
综合费用	
折旧前利润	
折旧	
支付利息前利润	
财务费用(利息＋贴息)	
税前利润	
所得税	
净利润	

附表 1－30　资产负债表　　单位：W

资　　产	金　额	负债和所有者权益	金　额
流动资产：		负债：	
现金		长期负债	
应收款		短期负债	
在制品		应交税金	

续 表

资 产	金 额	负债和所有者权益	金 额
成品			
原料			
流动资产合计		负债合计	
固定资产：		所有者权益：	
土地和建筑		股东资本	
机器与设备		利润留存	
在建工程		年度净利	
固定资产合计		所有者权益合计	
资产总计		负债和所有者权益总计	

附表 1－31 用户 第__6__年经营

操作顺序	请按顺序执行下列各项操作。各总监在方格中填写原材料采购/在制品/产品出库及入库情况。其中：入库数量为“＋”，出库数量为“－”。季末入库合计为“＋”数据相加，季末出库合计为“－”数据相加				
年初	新年度规划会议				
	选单及招标竞单				
	制订新年度计划				
	支付应付税				
	支付长贷利息				
	更新长期贷款/长期贷款还款				
	申请长期贷款				
	原材料/在制品/产品库存台账	一季度	二季度	三季度	四季度
1	季初盘点（请填数量）				
2	更新短期贷款/短期贷款还本付息				
3	申请短期贷款				
4	原材料入库/更新原料订单				
5	下原料订单				
6	购买/租用——厂房				
7	更新生产/完工入库				
8	新建/在建/转产/变卖——生产线				
9	紧急采购原料（随时进行）				

续 表

操作顺序	请按顺序执行下列各项操作。各总监在方格中填写原材料采购/在制品/产品出库及入库情况。其中：入库数量为“＋”， 出库数量为“－”。季末入库合计为“＋”数据相加，季末出库合计为“－”数据相加				
10	开始下一批生产				
11	更新应收款/应收款收现				
12	按订单交货				
13	产品研发投资				
14	厂房——出售(买转租)/退租/租转买				
15	新市场开拓/ISO 资格投资				
16	支付管理费/更新厂房租金				
17	出售库存				
18	厂房贴现				
19	应收款贴现				
20	季末出库合计				
21	季末支出合计				
22	季末数额对账(1 项＋20 项＋21 项)				
年末	缴纳违约订单罚款				
	支付设备维护费				
	计提折旧				
	新市场/ISO 资格换证				
	结账				

附表 1－32 订单登记表

市场											
产品											
数量											
交货期											
应收款账期											
销售额											
成本											
毛利											

7

附表 1－33 产品核算统计表

项 目	P1	P2	P3	P4	P5	合 计
数 量						
销售额						
成 本						
毛 利						

附表 1－34 综合管理费用明细表 单位：W

项 目	金 额	备 注
管理费		
广告费		
维修费		
租 金		
转产费		
市场准入开拓		□本地 □区域 □国内 □亚洲 □国际
ISO 资格认证		□ISO9000 □ISO14000
产品研发		P1( ) P2( ) P3( ) P4( ) P5( )
损 失		
合 计		

附表 1－35 利润表 单位：W

项 目	本 年 数
销售收入	
直接成本	
毛利	
综合费用	
折旧前利润	
折旧	
支付利息前利润	
财务费用(利息＋贴息)	
税前利润	
所得税	
净利润	

附表 1－36　资产负债表

单位：W

资　　产	金　额	负债和所有者权益	金　额
流动资产：		负债：	
现金		长期负债	
应收款		短期负债	
在制品		应交税金	
成品			
原料			
流动资产合计		负债合计	
固定资产：		所有者权益：	
土地和建筑		股东资本	
机器与设备		利润留存	
在建工程		年度净利	
固定资产合计		所有者权益合计	
资产总计		负债和所有者权益总计	

附表 1－37　市场开发投入登记表

公司代码：

年　度	区域市场（1Y）	国内市场（2Y）	亚洲市场（3Y）	国际市场（4Y）	营销总监签字确认	财务总监签字确认
第 1 年						
第 2 年						
第 3 年						
第 4 年						
第 5 年						
第 6 年						
总　计						

附表 1－38　产品开发登记表

年　度	P2	P3	P4	总　计	营销总监签字确认	财务总监签字确认
第 1 年						
第 2 年						
第 3 年						

7

续　表

年　度	P2	P3	P4	总　计	营销总监签字确认	财务总监签字确认
第 4 年						
第 5 年						
第 6 年						
总　计						

附表 1－39　ISO 认证投资

年　度	第 1 年	第 2 年	第 3 年	第 4 年	第 5 年	第 6 年
ISO9000						
ISO14000						
总　计						
财务总监签字确认						

附录二　第四届用友沙盘大赛夺冠心得

2008 年 7 月的三秦大地正处在骄阳似火的盛夏时节，来自全国百所高校的企业模拟经营沙盘大战在西安如火如荼开展着。经过两天的激烈厮杀，湖南科技大学代表队终于获得了冠军。沙盘战场的硝烟早已落幕，随着记忆的窗帘慢慢打开，这段难忘的回忆又仿佛带着我回到了两年前的古城西安，细细品味那其中的酸甜苦辣。

一、网络热身，积极备战

话说经过湖南省赛的一番生死鏖战，我们终于在湖南众多高校中力拔头筹，杀入全国决赛。据前一年参加过国赛的一位老师介绍，国赛中选手藏龙卧虎，高手如云，因此获得湖南省代表权后，除了激动和喜悦，更多的感受是来自国赛的压力。为了能够在国赛中有好的表现，我们想尽办法在网上四处搜索比赛信息，学习比赛经验。

通过一段时间的网上模拟比赛，我们从刚开始每赛必输，手忙脚乱，成绩垫底，到后来可以做到一个人独立运营一家公司——从广告拿单到资金预算，从采购原料到规划生产，半小时就可以经营完一年，这使我们的沙盘技战术水平有了质的飞越。在网络交流中，我们开拓了视野，结识了一群志同道合的“战友”，增强了我们参加国赛的信心。沙盘交流论坛：沙迷之家 www.erpsp.cn 是我们经常与“战友”们交流经验、分享心得的平台。

时间在不知不觉中溜走，很快离比赛只有最后一周了，组委会召开网络会议，公布国赛规则和市场预测。于是在最后的备战时间里，我们在老师的带领下，进行了为期一周的封闭式魔鬼训练。

7

我们对市场情况进行了详细的分解，将所有的产品进行排列组合，再根据不同的情况进行资金预算及广告策略的设计。初始资金从 55M① 到 70M 的开局方案，我们几乎都逐一进行了推演。经过验算，再将一项项效果不理想的方案逐一排除。偌大一个训练室的黑板上密密麻麻写满了我们推导的方案数据，甚至在去西安比赛的火车上也一路都在推演方案。经过这样的大量推演，不仅大大提高了我们的计算能力，更使得我们在各种方案的灵活组合、对各种可能出现的紧急情况的处理能力上有了明显的提高。

二、剑走偏锋，狭路亮剑

在经历了数天方案推演之后，我们总结出这样一个情况：

P4 产品前期利润极高，市场需求量大，是典型的金牛产品，虽然后期需求量逐渐减少，但是只要配合 P1 或者 P2 成长型产品作一些均衡，就会成为一条非常稳健的发展之道。但如果多个参赛队都看好这套方案，那么势必会造成非常惨烈的恶性竞争，最终可能是皆输的结果。而相比较起来，P3 产品的利润不但没有 P4 那么丰厚，而且市场需求量特别是初期少得可怜，如果不能有很好的销售量作支持，将会遇到资金流的瓶颈。即使配合 P1 或者 P2 产品分担销售压力，仍然存在很大的风险。但只要可以挺过前三年，随着各个市场 P3 产品的需求开始增长，后期的发展会非常诱人。由于国赛中将生产线的维修费设置成每年 2M/条，直接打压了前期本就不多的利润空间，因此，在初始资金比较紧张的情况下，前期不可能采用同时生成 P3 和 P4 的产品，也就意味着必须在战略决策时就作出一个明确的产品选择。

到底是去分 P4 这块大蛋糕呢，还是冒险走一条小市场的 P3 之路？这个两难的选择，我们讨论了很久，迟迟不敢轻易决断。为了作出合理决策，我们又对市场容量进行了测算。由于前期 P3 市场需求很小，发现如果超过 9 家以上做 P3，由于第二年不能顺利将产品卖完，那么 P3 的风险会很大；同理，如果有超过 17 家以上做 P4，由于竞争太过激烈，则 P4 的风险非常大。

在数字分析后，我们最终决定，剑走偏锋，冒险博 P3 方案。方案订了，如何最大限度地保证 P3 方案的成功实施呢？我相信能够进国赛的队伍，大部分都是具备相当实力的，大家都会在比赛前做足准备，那么也就是意味着，我们分析的 P3 或者 P4 方案在别人眼里也是同样的两难选择。而这时候比赛在即，各个队伍都对自己的方案讳莫如深，生怕自己的方案被别人知道。这时不禁让我想起“狭路相逢勇者胜”。勇于率先亮剑的队伍才可能吓退对手，获得主动权。只要可以吓退一家不做 P3，那么就会多一家做 P4，胜利的天平自然就会向 P3 倾斜。打定主意后，我们在比赛刚刚进场的时候，就非常高调地去裁判处领取了 5 条自动线生产 P3。果不其然，在别人眼里我们这一近乎疯狂的行为，马上引起了赛场中一些恐慌情绪。在我们身边的一个队伍，原本也打算做 P3 产品，见到情况不对，最终选择了做 P4 产品的方案。逢敌先亮剑，给我们带来了先手优势。

另一方面，我们还留了一手双保险。虽然我们非常高调地拿了 5 条自动线生产 P3 产

① M 代表百万元，全书同。

品，放在盘面上，但是我们电子系统中却迟迟没有进行任何操作，我们决定在亮剑的同时，给自己留一条后路。由于初始年，所有的流程都是可以事先预设好的，鉴于我们平时的训练，完整进行完全部的流程不会超过 3 分钟。因此，我们决定先等别的组操作，当剩最后 15 分钟时，我们通过系统的间谍功能来观察对手，如果一旦发现局势不利于 P3 产品，我们马上采取 P4 产品方案进行真实的操作，这样可以保证我们不至于输在起跑线上。最后，果不其然，P4 产品成了一片竞争异常激烈的“红海”断杀，后期甚至发生投 5M 的广告费都没有办法拿一张订单的情况。当然这是后话。通过剑走偏锋、狭路亮剑再加上按兵不动的策略，我们获得了一个很好的开局。可是正如老子说的“祸兮福所倚，福兮祸所伏”，骄兵必败，接下去发生的事情，让我们深受打击和磨难。

三、乐极生悲，塞翁失马

都说一个好的开局等于成功的一大半，可是正当我们欢呼雀跃的时候，乐极生悲的故事发生了。市场订单中埋伏下了一张利润相当可观的 P3 订单，交货期是 3Q①。而国赛规则采用的是创业规则，P3 的研发周期为 6Q。也就是说第 2 年的第 3 季度 P3 产品刚刚上生产线，即无论如何都无法在第 2 年的 3 季度交货。这是一个很简单、很明显的陷阱。比赛前一天当我们拿到市场资料预测单时，还说过：比赛中肯定会设置这样的陷阱。可偏偏在最最关键的时候，意外发生了。我们一上来就选了张 2 个 P3、总价 18M、交货期为 3Q 的订单。这就意味着在第一年，我们就要接受 5M(本次比赛违约金比例为 30%)的违约罚款！这对一个 60M 初始权益的公司来说，无疑是晴天霹雳，更何况是在国赛这样高手云集的比赛环境中，任何一点小失误都会导致最后的失败。我们的心情也像坐上云霄飞车一样，从高空垂直下落。

意外发生了，整个团队突然陷入了沉默。回想起两个多月来的辛苦付出，谁都不愿意相信胜利的希望就被我们自己鼠标轻轻一点就扼杀了。每个人心中都异常沉重，但是关键时刻，队员们没有一句埋怨，没有一丝气馁，“没关系，我们继续！”一句简单的话语，把我们还没来得及落下的眼泪拉了回去。“比赛还没有结束，我们还有希望。”很快我们相互安慰，彼此鼓励，马上调整好心态，第一时间里对原有计划进行了调整。

紧接着，在区域市场里，我们拿到了最大的 4 个 P3 的订单；由于没有顺利拿到 5 个 P3 的订单，对原来已经投资了一期的 5 条全自动线，只继续投资其中 4 条，这样另外一条生产线就可以少交一年的维修费和折旧；财务将原来的预算第一时间重新演算，调整了长短贷的比例……

我们比任何一个“守财奴”更苛刻地要求自己，每省下 1M 的费用都会让我们高兴不已。每一个人脸上写满了认真，每一个人眼里透露出来的都是不挠的坚强！这一刻，我们空前团结，整个团队的士气因为这突如其来的意外变得空前高涨。因为我们怀着梦想而来，我们不愿意梦想这么快就破灭，我们能行，我们要创造奇迹！团队的凝聚力也许在平时并不会表现出来，但是当真正面临危机的时候，只有一个团结的队伍，才有可能战胜困

① Q 代表期，全书同。

难。也正是有了这一挫折，使我们的团队空前团结，让我们在后面的比赛中，无论是计算、操作还是战略安排，都几乎做到零失误。事后回想起这次意外的失误，我们也会半开玩笑地说：真是塞翁失马，焉知非福啊！

四、打破常规，实现翻盘

危机过后，我们一直努力追赶。但是，毕竟起始即遭重创，让我们在 26 支参赛队伍中始终在中游徘徊。如果没有突破常规的策略，我们将很难超越已经遥遥领先的竞争对手。

时间来到第 5 年，本届国赛刚刚推出的竞单方式马上就要上演——客户只提供所需的产品及数量，具体的价格和交货期、账期都可以自己填写，通过暗标的形式，价格低、交货期早、账期长的公司获得订单，最高价格可以是 3 倍直接成本。丰厚利润诱惑着所有人，但又同时提醒着大家，如果全部将宝押在竞单上面，那么，一旦出现竞争激烈相互压价的情况，不仅无法获取满意利润，更有无法将产品卖完造成成品积压的风险。

高风险带来高回报，这是我们殊死一搏的机会。但是怎么样合理安排竞单的数量，怎么合理填报价格等竞标参数，成了我们首先要思考的一个问题。每一年结束，我们团队 5 个人都会全部出去做“间谍”。每人负责 5 家竞争对手公司的信息搜集，从产能、库存，到现金、贷款，甚至连对手的计划采购订单也逐一记录。然后在短短的 10 分钟内，将各家公司的信息进行汇总分析，过滤出主要的竞争对手。再通过对生产能力的分析，就可以知道对手公司什么时候可以交多少个什么产品；通过对现金流的分析，就可以知道对手公司对账款回收期会有怎么样的安排，哪里会出现现金断流的压力；通过对市场及认证的分析，就可以知道对手公司可能的广告投入方向和金额。通过这一系列的分析后，再对照自身的优势（当时我们已经拥有了 ISO 9000 和 ISO 14000，市场也全部开拓完成），我们决定将重点放在竞单市场上。

光了解对手还远远不够。第 4 年末，由于 P3 产品一直处于“蓝海”状态，有的公司已经全线生产 P3 产品，产能高得吓人。面对这样疯狂的市场搏杀，如果没有好的博弈策略，也很难在这场较量中胜出。由于竞单市场的巨大诱惑，选单市场相对就比较轻松。因此，我们作出了一个大胆的决策——首先在选单市场消化掉一半左右的产能，留一半产能到竞单市场伺机而动。这样即使竞单市场竞争异常激烈，我们也可以保证企业正常运营。

可是这毕竟是国赛的舞台，如果仅凭常规的方式，很难在强队如林的比赛中实现翻盘，这就要求我们必须打破常规，发散思维。在比赛期间我们终于想到一招杀手锏，就是巧妙地利用规则中紧急采购和违约这两个不起眼的规则，给我们创造了反败为胜的机会。

如果我接到的订单是直接成本 3 倍的价格，那么我即使自己在数量上不够，也可以利用紧急采购来弥补，因为紧急采购成品也就是直接成本 3 倍的价格，这样就不需要担心自己产能不够的问题了，同时还可以在交货期上占有一定的优势。

对于违约规则的利用也是同样道理，例如，我在选单市场接了一张 4 个 P3、32M 的订单，如果违约的话需要缴纳总价的 30%，也就是 9M 的违约金，再加上 1M 的竞单费用，也就是说 4 个 P3 违约后的机会成本是 42M。而在竞单市场，1 个 P3 可以最高卖到 12M，如果在竞单市场我可以用42M以上的价格拿到4个P3的订单，我就不亏，如果可以满额48M获得订单的话，即使违约了前面选单市场的订单，仍然还有的赚。况且竞单市场的账期和交货期还有更多的灵活度，而且还可以让对手猜不透你的真正的产能，从而达到压制对手的目的。

在充分利用规则的情况下，经过第5、第6两年的竞单市场拼杀，我们通过精准的计算和成功的竞单博弈策略，创造了连续两年净利润接近70M，实现大逆转的奇迹，最终获得了冠军。

五、人生似沙盘，沙盘似人生①

获得冠军的心情此时此刻想起来还是异常激动，静下心来回想，从第一次选单的失误，到过程中的不断拼搏，让我感触很深。要说沙盘有没有必胜的秘诀，我认为，沙盘比赛制胜的公式就是：

胜利＝计算＋博弈＋不犯错

计算：包含了我们常说的预算和“用数据说话”。也就是我们通常说的沙盘基本功，包括报表、预算、分析市场等。

博弈：沙盘的精髓，在对市场、产品仔细分析的基础上，分析对手战略和广告策略，甚至拿单策略等。

不犯错：很多人觉得这点貌似平常，其实不然。很多时候，我们会说某队运气不好。其实根源上，都是因为他们自己犯了错。

总而言之，一个好的财务（计算）可以保证公司不死，一个好的市场（博弈）可以让公司壮大，在前两个条件差不多的情况下，不犯错或者少犯错的队伍就可以获得胜利！我们不难发现沙盘比赛中其实有很多“道”的存在，也就是我们经常说的规律和方法。

比如古人告诉我们的“万事预则立，不预则废。”

没有好的预算，没有走一步看三步的眼光，只能像哥伦布发现新大陆那样——要去哪里？不知道！走到哪里？不知道！去过哪里？不知道！这样“哥伦布式”的决策方式，很难在沙盘比赛中赛出好成绩。

再比如我们常说的“用数据说话”。

在沙盘里，最重要的法则之一，就是凡事要用数据检验。制定大的战略更是如此，要经过严谨周密的计算，提供翔实可靠的数据来支持决策。决不能沦为“四拍”式管理——拍脑袋决策，拍胸脯保证，拍大腿后悔，拍屁股走人。

人生似沙盘，沙盘似人生。就像老子的《道德经》里的开篇一样：道可道，非常道！还有很多类似的方法需要我们在体验沙盘的同时去慢慢体会，如果我们从沙盘中间可以悟出一点“道”，甚至将这样的“道”运用到我们的学习生活中去，一定会受益颇丰！

7

① 何晓岚.ERP沙盘模拟实用教程[M].北京：北京航空航天大学出版社，2010，略有改动.

附录三　第六届“用友杯”全国大学生创业设计暨沙盘模拟经营大赛全国总决赛规则

一、参赛队

每支参赛队5名队员，分工如下：

总经理

财务总监

营销总监

采购总监

生产总监

提请注意：

(1) 带队老师不允许入场。

(2) 比赛期间，所有参赛队员不得使用手机与外界联系，电脑仅限于作为系统运行平台，可以自制一些工具，但不得登录 Internet 与外界联系，否则取消参赛资格。

(1) 每个代表队允许有两台电脑连接服务器。

(2) 比赛时间以本赛区所用服务器时间为准。

(3) 每赛区均35队。

二、运行方式及监督

本次大赛以“创业者”电子沙盘(以下简称系统)为主运作企业，实物沙盘只提供盘面，每年运行结束后，将年末状态用大赛组委会提供的卡片标识在实物沙盘上，供参赛队观摩分析使用。

各队应具备至少两台具有 RJ45 网卡的笔记本电脑(并自带接线板、纸、笔、橡皮)，同时接入局域网，作为运行平台，并安装录屏软件。比赛过程中，学生端最好启动录屏文件，全程录制经营过程，建议每一年经营录制为一个独立的文件。一旦发生问题，以录屏结果为证，裁决争议。如果擅自停止录屏过程，按系统的实际运行状态执行。录屏软件请自行去相关网站下载并提前学会使用，比赛期间组委会不负责提供，也不负责指导使用。

提请注意：两台电脑同时接入，任何一台操作均是有效的，但A机器操作，B机器状态并不会自动同步更新，所以请作好队内沟通。可执行 F5 刷新命令随时查看实时状态。

大赛设裁判组，负责大赛中所有比赛过程的监督和争议裁决。

提请注意：自带电脑操作系统和浏览器要保持干净，无病毒，IE 浏览器版本在(包括)6.0以上，同时需要安装 flash player 插件。请各队至少多备一台电脑，以防万一。

三、企业运营流程

企业运营流程须按照竞赛手册——运营流程表中列示的流程严格执行。CEO 按照经营记录表中指示的顺序发布执行指令，每项任务完成后，CEO须在任务后对应的方格中打钩。

每年经营结束后，各参赛队需要在系统中填制资产负债表。如果不填，则算报表错误一次并扣分，但不影响经营。此次比赛不需要交纸质报表给裁判核对。

四、竞赛规则

（一）生产线（附表3-1）

不论何时出售生产线，从生产线净值中取出相当于残值的部分计入现金，净值与残值之差计入损失。

附表3-1 生产线情况

生产线	购置费（W）①	安装周期（Q）	生产周期（Q）	总转产费（W）	转产周期（Q）	维修费（W/年）	残值（W）
手工线	50	无	2	0	无	10	10
租赁线	0	无	1	20	1	55	−55
自动线	150	3	1	20	1	20	30
柔性线	200	4	1	0	无	20	40

只有空的并且已经建成的生产线方可转产。

当年建成的生产线、转产中生产线都要交维修费。

生产线不允许在不同厂房移动。

租赁线不需要购置费，不用安装周期，不提折旧，维修费可以理解为租金；其在出售时（可理解为退租），系统将扣55W/条的清理费用，计入损失；该类生产线不计小分；手工线不计小分。

（二）折旧（平均年限法）（附表3-2）

附表3-2 折旧情况

生产线	购置费（W）	残值（W）	建成第1年（W）	建成第2年（W）	建成第3年（W）	建成第4年（W）	建成第5年（W）
手工线	50	10	0	10	10	10	10
自动线	150	30	0	30	30	30	30
柔性线	200	40	0	40	40	40	40

当年建成生产线当年不提折旧，当净值等于残值时生产线不再计提折旧，但可以继续使用。

① W代表万，全书同。

(三) 融资(附表 3－3)

附表 3－3　融资情况

贷款类型	贷款时间	贷款额度	年　息	还款方式
长期贷款	每年年初	所有长贷和短贷之和不能超过上年权益的 3 倍	10%	年初付息，到期还本； 每次贷款为大于 10 整数
短期贷款	每季度初		5%	到期一次还本付息； 每次贷款为大于 10 整数
资金贴现	任何时间	视应收款额	10%(1 季，2 季)， 12.5%(3 季，4 季)	变现时贴息，可对 1、2 季应收联合贴现(3、4 季同理)
库存拍卖	原材料八折，成品按成本价			

(四) 厂房(附表 3－4)

每季均可租或买，租满一年的厂房在满年的季度(如第二季租的，则在以后各年第二季为满年，可进行处理)，需要用“厂房处理”进行“租转买”“退租”(当厂房中没有任何生产线时)等处理，如果未加处理，则原来租用的厂房在满年季末自动续租；厂房不计提折旧；生产线不允许在不同厂房间移动。

附表 3－4　厂房情况

厂　房	买价(W)	租金(W/年)	售价(W)	容量(条)	
大厂房	450	45	450	5	厂房出售得到 4 个账期的应收款，紧急情况下可厂房贴现(4 季贴现)，直接得到现金，如厂房中有生产线，同时要扣租金
中厂房	400	40	400	4	
小厂房	330	33	330	3	

厂房使用可以任意组合，但总数不能超过四个；如租四个小厂房或买四个大厂房或租一个大厂房买三个中厂房。

(五) 市场准入(附表 3－5)

附表 3－5　市场准入情况

市场	开发费(W/年)	时间(年)	
本地	10	1	开发费用按开发时间在年末平均支付，不允许加速投资，但可中断投资。市场开发完成后，领取相应的市场准入证
区域	10	1	
国内	10	2	
亚洲	10	3	
国际	10	4	

无须交维护费，中途停止使用，也可继续拥有资格并在以后年份使用。

(六) 资格认证(附表 3-6)

附表 3-6 资格认证情况

认证	ISO9000	ISO14000	开发费用按开发时间在年末平均支付,不允许加速投资,但可中断投资。ISO 开发完成后,领取相应的认证
时间(年)	2	2	
费用(W/年)	10	20	

无须交维护费,中途停止使用,也可继续拥有资格并在以后年份使用。

(七) 产品(附表 3-7)

附表 3-7 产品情况

产品	开发费用(W/季)	开发周期(季)	加工费(W/个)	直接成本(W/个)	产 品 组 成
P_1	10	2	10	20	R_1
P_2	10	3	10	30	R_2+R_3
P_3	10	4	10	40	$R_1+R_3+R_4$
P_4	10	5	10	50	$R_2+R_3+2R_4$

(八) 原料(附表 3-8)

附表 3-8 原料情况

名 称	购买价格(W/个)	提前期(季)
R_1	10	1
R_2	10	1
R_3	10	2
R_4	10	2

(九) 紧急采购

付款即到货,原材料价格为直接成本的 2 倍,成品价格为直接成本的 3 倍。

紧急采购原材料和产品时,直接扣除现金。上报报表时,成本仍然按照标准成本记录,紧急采购多付出的成本计入费用表损失项。

(十) 选单规则

投 10W 广告有一次选单机会,每增加 20W 多一次机会,如果投小于 10W 广告则无选单机会,但仍扣除广告费,对计算市场广告额有效。

以本市场本产品广告额投放大小顺序依次选单;如果两队本市场本产品广告额相同,则看本市场广告投放总额;如果本市场广告总额也相同,则看上年本市场销售排名;如仍无法决定,先投广告者先选单。第一年无订单。

选单时,两个市场同时开单,各队需要同时关注两个市场的选单进展,其中一个市场先结束,则第三个市场立即开单,即任何时候会有两个市场同开,除非到最后只剩下一个市场选单未结束。如某年有本地、区域、国内、亚洲四个市场有选单。则系统将本地、区域同时放单，各市场按 P1、P2、P3、P4 顺序独立放单，若本地市场选单结束，则国内市场立即开单，此时区域、国内两个市场保持同开，紧接着区域结束选单，则亚洲市场立即放单，即国内、亚洲两个市场同开。选单时各队需要点击相应“市场”按钮，一市场选单结束，系统不会自动跳到其他市场。

提请注意：

(1) 出现确认框要在倒计时大于 5 秒时按下确认按钮，否则可能造成选单无效。

(2) 在某细分市场(如本地、P1)有多次选单机会，只要放弃一次，则视同放弃该细分市场所有选单机会。

(3) 选单时各队两台电脑同时连接入网。

(4) 本次比赛无市场老大。

(5) 破产队可以参加选单。

(十一) 竞单会(系统一次同时放 3 张订单同时竞，并显示所有订单)

参与竞标的订单标明了订单编号、市场、产品、数量、ISO 要求等，而总价、交货期、账期三项为空。竞标订单的相关要求说明如下：

1. 投标资质

参与投标的公司需要有相应市场、ISO 认证的资质，但不必有生产资格。

中标的公司需为该单支付 10W 标书费，计入广告费。

如果(已竞得单数＋本次同时竞单数)×10＞现金余额，则不能再竞。即必须有一定现金库存作为保证金。如同时竞 3 张订单，库存现金为 54W，已经竞得 3 张订单，扣除了 30W 标书费，还剩余 24W 库存现金，则不能继续参与竞单，因为万一再竞得 3 张，24W 库存现金不足支付标书费 30W。

如果用户已经投标，之后又进行了某些活动而扣除了现金(如间谍)，导致其现金不足够交招标费，则系统自动回收其所竞得的相应订单。如某队当前现金为 30W，参与了某轮竞单投标，之后进行间谍活动导致剩余现金为 29W，该队此 3 张订单均中标，则最后系统将只给予 2 张订单，第 3 张订单收回作废。如果其进行间谍活动导致库存现金只剩余 9W，则 3 张订单均收回作废。

为防止恶意竞单，对竞得单张数进行限制，如果{某队已竞得单张数＞ROUND(3×该年竞单总张数/参赛队数)}，则不能继续竞单。

提请注意：

(1) ROUND 表示四舍五入。

(2) 如上式为等于，可以继续参与竞单。

(3) 参赛队数指经营中的队伍，若破产继续经营也算在其内，破产退出经营则不算其内。

如某年竞单，共有 40 张，20 队(含破产继续经营)参与竞单，当一队已经得到 7 张单，因为 7＞ROUND(3×40/20)，所以不能继续竞单；但如果已经竞得 6 张，可以继续参与。

2. 投标

参与投标的公司须根据所投标的订单，在系统规定时间(90秒，以倒计时秒形式显示)填写总价、交货期、账期三项内容，确认后由系统按照：

得分＝100＋(5－交货期)×2＋应收账期－8×总价/(该产品直接成本×数量)

以得分最高者中标。如果计算分数相同，则先提交者中标。

提请注意：

(1) 总价不能低于(可以等于)成本价，也不能高于(可以等于)成本价的3倍。

(2) 必须为竞单留足时间，如在倒计时小于等于5秒再提交，可能无效。

(3) 竞得订单与选中订单一样，算市场销售额。

(4) 破产队可以参与投标竞单。

(十二) 订单违约

订单必须在规定季或提前交货，应收账期从交货季开始算起。应收款收回系统自动完成，不需要各队填写收回金额。

(十三) 取整规则(均精确或舍到个位整数)

违约金扣除(四舍五入)；

库存拍卖所得现金(四舍五入)；

贴现费用(向上取整)；

扣税(四舍五入)；

长短贷利息(四舍五入)。

(十四) 特殊费用项目

库存折价拍卖、生产线变卖、紧急采购、订单违约、计入其他损失；增减资计入股东资本或特别贷款(均不算所得税)。

提请注意：增资只适用于破产队。

(十五) 重要参数(附图 3－1)

违约金比例	20 %	贷款额倍数	3 倍
产品折价率	100 %	原料折价率	80 %
长贷利率	10 %	短贷利率	5 %
1、2期贴现率	10 %	3、4期贴现率	12.5 %
初始现金	600 W	管理费	10 W
信息费	1 W	所得税率	25 %
最大长贷年限	5 年	最小得单广告额	10 W
原料紧急采购倍数	2 倍	产品紧急采购倍数	3 倍
选单时间	40 秒	首位选单补时	25 秒
市场同开数量	2	市场老大	○有 ◉无
竞拍时间	90 秒	竞拍同拍数	3
信息确认			

附图 3－1 重要参数

提请注意：

(1) 每市场每产品选单时第一个队选单时间为 65 秒，自第二个队起，选单时间设为 40 秒。

(2) 初始资金为 600W。

(3) 信息费 1W/次/队，即交 1W 可以查看一队企业信息，交费企业以 Excel 表格形式获得被间谍企业详细信息。(可看到的信息框架结构如附件 Excel 表所示)

(十六) 竞赛排名

完成预先规定的经营年限，将根据各队的最后分数进行评分，分数高者为优胜。

总成绩＝所有者权益×(1＋企业综合发展潜力/100)－罚分

企业综合发展潜力如附表 3－9 所示。

附表 3－9　企业综合发展潜力情况

项　　目	综合发展潜力系数
自动线	＋8/条
柔性线	＋10/条
本地市场开发	＋7
区域市场开发	＋7
国内市场开发	＋8
亚洲市场开发	＋9
国际市场开发	＋10
ISO9000	＋8
ISO14000	＋10
P1 产品开发	＋7
P2 产品开发	＋8
P3 产品开发	＋9
P4 产品开发	＋10

提请注意：

(1) 如有若干队分数相同，则最后一年在系统中先结束经营(而非指在系统中填制报表)者排名靠前。

(2) 生产线建成即加分，无须生产出产品，也无须有在制品。手工线、租赁线、厂房无加分。

(十七) 罚分规则

1. 运行超时扣分

运行超时有两种情况：一是指不能在规定时间完成广告投放(可提前投广告)；二是

7

指不能在规定时间完成当年经营(以点击系统中“当年结束”按钮并确认为准)。

处罚: 按总分 20 分/分钟(不满 1 分钟算 1 分钟)计算罚分,最多不能超过 10 分钟。如果到 10 分钟后还不能完成相应的运行,将取消其参赛资格。

提请注意: 投放广告时间、完成经营时间及提交报表时间系统均会记录,作为扣分依据。

2. 报表错误扣分

必须按规定时间在系统中填制资产负债表,如果上交的报表与系统自动生成的报表对照有误,在总得分中扣罚 50 分/次,并以系统提供的报表为准修订。

提请注意: 对上交报表时间会作规定,延误交报表即视为错误一次,即使后来在系统中填制正确也要扣分。由运营超时引发延误交报表视同报表错误并扣分。

3. 摆盘错误扣分

摆盘错误一次扣 100 分,需要如实回答巡盘者提问,也不能拒绝巡盘者看电脑屏幕并查看其中任何信息(巡盘者不可操作他队电脑,只能要求查看信息),巡盘时各队至少留一人。

4. 其他违规扣分

在运行过程中下列情况属违规:

(1) 对裁判正确的判罚不服从。

(2) 在比赛期间擅自到其他赛场走动。

(3) 指导教师擅自进入比赛现场。

(4) 其他严重影响比赛正常进行的活动。

如有以上行为者,视情节轻重,扣除该队总得分的 200～500 分。

(十八) 破产处理

当参赛队权益为负(指当年结束系统生成生成资产负债表时为负)或现金断流时(权益和现金可以为零),企业破产。

参赛队破产后,由裁判视情况适当增资后继续经营。破产队不参加有效排名。

为了确保破产队不过多影响比赛的正常进行,限制破产队每年用于广告投放和竞单现金总和不能超过 100W。投放广告前如果现金超过 100W,裁判将扣除其现金至 100W,竞单结束后归还。

(十九) 操作要点

(1) 生产线转产、下一批生产、出售生产线均在相应生产线上直接操作。

(2) 应收款收回由系统自动完成,不需要各队填写收回金额。

(3) 只显示可以操作的运行图标。

(4) 选单时必须注意各市场状态(正在选单、选单结束、无订单),选单时各队需要点击相应“市场”按钮,一市场选单结束,系统不会自动跳到其他市场。界面如附图 3 - 2 所示。

7

附图 3－2　选单操作界面

(二十) 系统整体操作界面(附图 3－3)

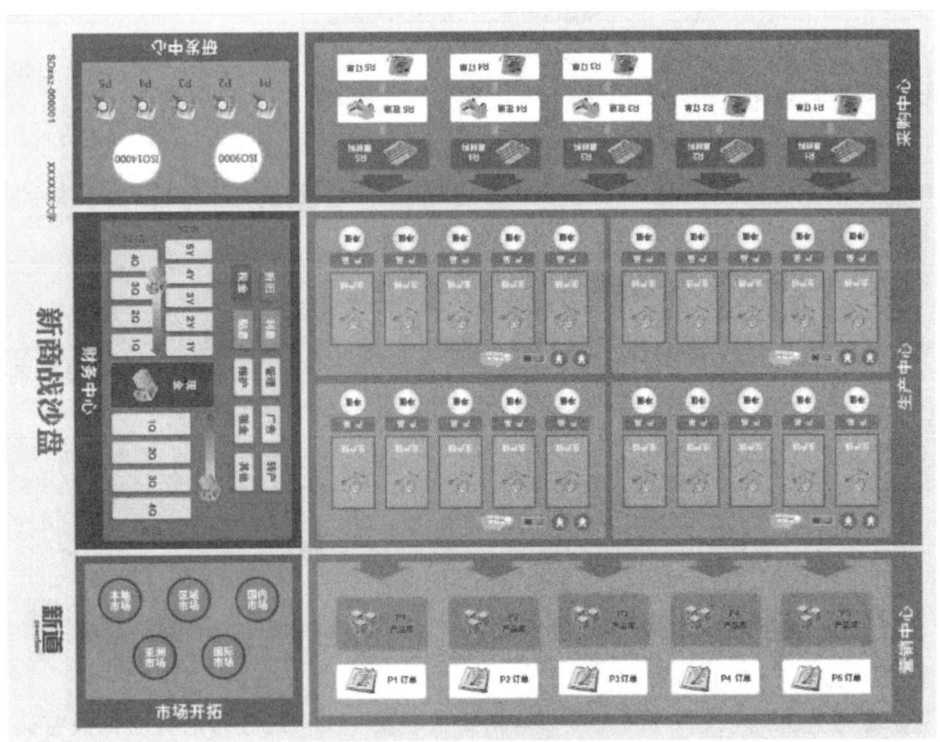

附图 3－3　系统整体操作界面

(二十一) 关于摆盘

本次大赛过程中不再使用物理沙盘(除盘面外)，每年年末，将状态摆放在盘面上供其他参赛队观盘、分析使用。

摆盘时使用组委会提供的各种卡片。

提请注意：如果需要物理沙盘辅助，请参赛队自行携带。

（1）厂房和生产线。去讲台处取如下图厂房卡片，如租则在标“￥”处放上租金，买则放上买入价格金额。生产线卡片放置于相应生产线位置（在建背面朝上，投资金额放生产线上）；在产则将产品标识放置于相应生产周期。

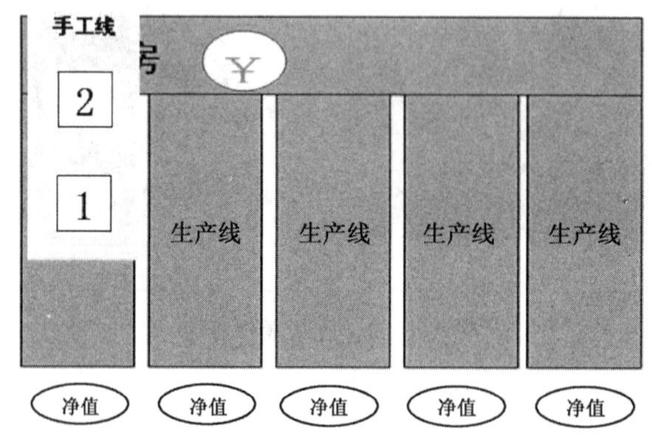

附图 3－4　厂场和生产线

（2）产品资格、市场资格、ISO 资格摆放。未开发完成，请将投资金额放置于相应位置；开发完成，领取相应资格证。

（3）所有费用、现金、应收及长短贷均用对应金额的卡片放盘面对应位置。

（4）原料订单、原料库存、产品库存用相应数量原料与产品卡片放相应位置处。

提请注意：卡片如需要填写，均用黑色碳素笔填写。

（二十二）网络设置、服务器地址及登录注意事项

一队分配两个 IP，根据所分配的队号设置。如：队号为 U01，则 IP 为 192.168.0.101 和 192.168.0.201，以此类推。请在本地连接中设置，如附图 3－5 所示。考虑操作系统区别，IP 设置略有不同，请各队提前学会如何设置 IP，比赛时不负责指导。

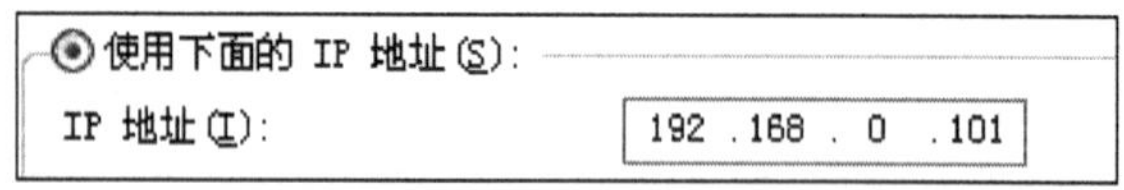

附图 3－5　IP 地址

子网掩码、网关、DNS 可不设。

服务器地址统一为：192.168.0.8。

登录账号为：U01、U02 等（大写 U），初始密码统一为：1，登录后务必修改密码。登录注册时只允许一台电脑操作，注册成功后另一台电脑再登录。

（二十三）凡是因为未仔细阅读并遵照本规则，导致比赛中出现不利局面，组委会均不负责

7

参考文献

[1] 何晓岚,等.商战实践平台指导教程[M].北京：清华大学出版社,2012.

[2] 路晓辉.ERP 制胜：有效驾驭管理中的数字[M].北京：清华大学出版社,2005.

[3] 何晓岚,等.ERP 沙盘模拟指导教程——实物+电子+人机对抗[M].北京：清华大学出版社,2016.

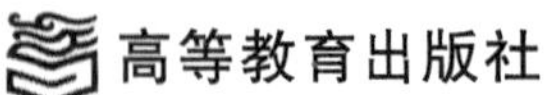

教学资源索取单

尊敬的老师：

您好！

感谢您使用**喻竹**等编写的**《电子沙盘应用教程》(新道新商战)**。为便于教学，本书另配有**课程**相关教学资源，如贵校已选用了本书，您只要添加服务 QQ 号 800078148，或者把下表中的相关信息以电子邮件方式发至我社即可免费获得。

我们的联系方式：

联系电话：(021)56718921/56718739　　电子邮箱：800078148@b.qq.com
服务 QQ：800078148(教学资源)　会计教师论坛(高职)QQ 群：554729666(教学资源)
传真：(021)56718517　　地址：上海市虹口区宝山路 848 号　　邮编：200081

<table>
<tr><td>姓　　名</td><td></td><td>性别</td><td></td><td>出生年月</td><td></td><td>专　　业</td><td></td></tr>
<tr><td>学　　校</td><td colspan="3"></td><td>学院、系</td><td></td><td>教 研 室</td><td></td></tr>
<tr><td>学校地址</td><td colspan="5"></td><td>邮　　编</td><td></td></tr>
<tr><td>职　　务</td><td colspan="3"></td><td>职　　称</td><td></td><td>办公电话</td><td></td></tr>
<tr><td>E-mail</td><td colspan="5"></td><td>手　　机</td><td></td></tr>
<tr><td>通信地址</td><td colspan="5"></td><td>邮　　编</td><td></td></tr>
<tr><td>本书使用情况</td><td colspan="7">用于________学时教学，每学年使用________册。</td></tr>
</table>

您对本书有什么意见和建议？

您还希望从我社获得哪些服务？

☐ 教师培训　　☐ 教学研讨活动

☐ 寄送样书　　☐ 相关图书出版信息

☐ 其他________________________________